航天科学家的故事丛书

U0956139

孙家栋的故事

王建蒙　著

中国宇航出版社
·北京·

图书在版编目（CIP）数据

孙家栋的故事 / 王建蒙著. -- 北京：中国宇航出版社，2022.1

（航天科学家的故事丛书）

ISBN 978-7-5159-1908-9

Ⅰ.①孙… Ⅱ.①王… Ⅲ.①孙家栋一生平事迹 Ⅳ.①K826.16

中国版本图书馆 CIP 数据核字(2021)第071569号

责任编辑 黄 莘
责任校对 刘 凯 **封面设计** 宇星文化

出版发行 中国宇航出版社
社 址 北京市阜成路8号 **邮 编** 100830
(010)60286808 (010)68768548
网 址 www.caphbook.com
经 销 新华书店
发行部 (010)60286888 (010)68371900
(010)60286887 (010)60286804(传真)
零售店 读者服务部
(010)68371105
承 印 北京中科印刷有限公司
版 次 2022年1月第1版 2022年1月第1次印刷
规 格 880×1230 **开 本** 1/32
印 张 5.375 **字 数** 87千字
书 号 ISBN 978-7-5159-1908-9
定 价 28.00元

目录

CONTENTS

第一章

求学之路

老孙家添新丁

时光倒流92年，公元1929年4月8日，这是兵荒马乱的军阀混战[1]年月。

地处中国版图雄鸡形状头部的辽宁省盖县倒还显得安宁，这里地处僻壤、远离喧嚣。在万物复苏的初春日子，一座老式院子里突然传出婴儿的啼哭声，这一声接一声的有力啼哭如同平静湖面泛起的涟漪，向外扩展，

①军阀混战指的是清末民初到抗战期间的军阀割据混战。由于清政府的腐败落后，使得帝国主义在中国长驱直入，中国境内产生了特殊势力的军阀派系。1927年蒋介石建立国民党南京政权后，新军阀混战的战火又重新燃起，直系、奉系、皖系、晋系、川系军阀等连续不断爆发了新的混战。

冲向天空，犹如向这个小县城的人们报喜，老孙家又添了一口人丁。

啼哭的婴儿是个大胖小子，在孙家已有的三个哥哥和两个姐姐之后排行老六。父亲孙树人老来得子，内心十分高兴，想给儿子起一个好名字，冥思苦想两天两夜之后，给儿子起了一个充满期待的名字——孙家栋。

孙家栋降临人世，大家纷纷说这孩子有好命，这辈子都不会挨饿。原来，老孙家正在酝酿按人头分家，孙家栋4月8日出生，恰逢祖上4月9日正式分家，所以，孙家栋这张嗷嗷待哺的小嘴刚一张开，就理所当然地得到了一份口粮。

老孙家添新丁，左邻右舍争相祝福，这个说："虽说现在是乱世，从这孩子喜庆的小脸上看，将来一定有出息。"那个说："看这模样，就是个聪明伶俐、将来能有大作为的孩子。"

没想到，邻居们的祝福还真应了验，孙家栋从小喜爱读书，学习成绩在班里总是名列前茅。虽然他的话语不多，但做事稳健，不急不躁，踏踏实实。

我一定要读书

孙家栋的祖父目不识丁，但却很敬佩那些有文化的读书人，他立志要送家中唯一的儿子孙树人进学堂读书。当时，孙家正值鼎盛年代，却没有一个人入过学堂，于是，孙树人到了读书的年龄，就被父亲送出去读书。

孙树人被父亲送到距老家草甸子村两里路的马甸子私塾上学，他知书达理，聪明好学，不负父亲的期望，成为草甸子村远近闻名的“状元”。成人后，孙树人离家前往张学良创办的沈阳师范学校就读。毕业后，任教于盖平师范学校，六年后升任学校校长。

孙家栋随父母在盖平师范学校度过了三年童年生活。由于父亲工作需要，1932年，孙家栋全家迁往哈尔滨市。1936年3月，7岁的孙家栋在离家不远的建设小学上学，1939年随父亲工作调动，离开哈尔滨迁居营口，转入同德学校读高小。

1942年6月，13岁的孙家栋以优异的成绩被哈尔滨第一高等学校土木系录取，小小年纪的他一门心思想着学好本领，长大以后做一名工程师，能建好多好多的大高楼，还要建水坝，修跨河大桥。

哈尔滨第一高等学校是一所日本人开办的学校，日本教师在授课中的侵略意识以及奴化意识，引起了孙家栋和同学们的强烈不满。

战争造成城里混乱，学校停课，父母从营口回到了老家。孙家栋也无书可读，踏上了回家之路。

孙家栋到家后才知道，父亲已离开老家去了沈阳，在沈阳的一所学校任教。孙家栋找到父亲后，急切地提出要继续求学。父亲找人帮忙，孙家栋终于进入了锦州大学先修班就读。这个学校名义上是大学，实际上教学条件和师资力量明显不足，孙家栋要先入“预科”补习两年中学课程，才能正式进入锦州大学就读。

1948年9月，辽沈战役的炮声在锦州响起，显然，孙家栋连“预科”也没办法继续读下去了。

孙家栋怀念远离城市喧闹的家乡的泥土芳香、自然风光，怀念大伯、堂叔家兄弟们的亲情与热情，这些都令他有一种说不出的亲切感，但从小就有的求知愿望和

坚定信念，使他从未迷失求学的想法：“我一定要读书，我一定要创造机会去读书，我一定要成为一个有知识、有文化、能干大事的人。”

理想，像展翅的雄鹰在蓝天下飞翔，盼望着冲向更远的天际！

考取哈尔滨工业大学

1948 年 9 月，哈尔滨工业大学[①]即将招生的传闻，让企盼已久的孙家栋来了精神。当时的哈尔滨工业大学由苏联人管理，学校不仅制度健全、教学严谨，而且还有许多高深莫测的科学技术专业，令人向往，孙家栋想，自己要能进入哈工大读书该有多好啊！

当然，要想就读哈工大，必须经过严格的考试。让

①哈尔滨工业大学始建于 1920 年，1996 年进入国家“211 工程”首批重点建设高校，1999 年被确定为国家首批“985 工程”重点建设的 9 所大学之一，2000 年与同根同源的哈尔滨建筑大学合并组建为新的哈尔滨工业大学，2017 年入选“双一流”建设 A 类高校名单。

孙家栋没有料到的是，他虽然通过了学校的各项考试，但仍然有一道宽大的鸿沟横在他的面前，这就是哈工大的老师们都用俄语授课，要想在哈工大上学，首先得精通俄语，而孙家栋此时却是个俄语盲。

这巨大的障碍，孙家栋能够跨越过去吗？

不服输的他暗下决心："哼，你们说俄语不好学，我偏要试一试，它是怎么个难学法？这道鸿沟我一定要跨过去！"

孙家栋虽然平时话语不多，却不信邪，而且说做就做。尽管俄语语法繁杂、变格多样、发音饶舌，其中软、硬音的结合令许多初学者感到晕头转向，难读难记，但孙家栋对学习渴望已久，他觉得语言是学习和生活的工具，必须把俄语学通，才能继续下一步专业课程的学习。经过两年的努力，颇具犟劲儿的孙家栋，硬是通过了俄语考试。

孙家栋在知识的殿堂里奋力吸吮，扎实而系统地体验到了知识的力量，这些知识为他日后的深造奠定了基础，使他终身受益。

红烧肉带来的“机遇”

1950 年农历正月十五，孙家栋在学校吃过午饭，准备去姐姐家过元宵节。

一位同学兴冲冲地回到宿舍：“家栋，食堂刚才说今晚加餐，有你爱吃的红烧肉。”

“真的？”在那个食品匮乏的年代，品尝红烧肉太具有诱惑力了，孙家栋抿了抿嘴唇，禁不住咽了咽口水，“哈拉硕（俄语‘好’）哒（俄语‘行’），等吃完红烧肉，我再去姐姐家。”

正当他们聚集在食堂享受着弥漫香气的红烧肉时，食堂里来了几位学校主管人员，其中一位说道：“各位同学，我要宣布一个与大家都有直接关系的通知。不久前，我们新中国成立了空军，上级决定，从你们这批学生中选拔飞行员和工程技术人员，去充实空军队伍。有一条请注意，由于任务很急，现在开始报名，我们马上审查，批准后今晚就出发！”

孙家栋不由得停止咀嚼嘴里的红烧肉，年轻人固有的血气方刚，使他内心的激动向浑身散发。他立刻联想起几个月前毛主席在北京天安门城楼上，向全世界宣告中华人民共和国成立的动人情景，想起中国人民解放军伴随着嘹亮的军歌，迈着雄壮的步伐，在天安门广场接受检阅时威武飒爽的军姿。

在人生抉择的又一关口，孙家栋没有半点犹豫：“我要参军，我要做一名军人，我要驾驶祖国的战机驰骋蓝天，接受共和国和毛主席的检阅。”

孙家栋毅然填报了入伍申请登记表，短短几个小时后，他便收到了录取通知。孙家栋连跟姐姐说句告别的话都来不及，便收拾好行装，怀着对未来的无限憧憬，登上了前往中国人民解放军空军第四航空学校的列车。

1950 年 3 月，孙家栋由一名踌躇满志、思想单纯的学生，正式成为一名身着军装、头戴制式军帽、精神抖擞的中国人民解放军战士。由于学校急需俄语翻译，孙家栋优秀的俄文成绩立刻被派上了用场。报到后，学校分配孙家栋给苏联航空教官做授课翻译。

如果说，这顿红烧肉的决定，改变了孙家栋一生的命运，而平时的勤奋与努力，使孙家栋又一次迎来了机遇的召唤。

第二章

苏联寒窗

到苏联去深造

20世纪50年代初，为了更好地学习苏联经验和科学技术，国家开始分期分批向苏联派遣留学生。孙家栋又将面临自己的人生转折，他要争取这个机会，去苏联茹科夫斯基空军工程学院[1]学习先进的科学技术，更好地建设祖国。

经过预选、初选、笔试、口试，孙家栋的名字进入

①茹科夫斯基空军工程学院的前身是1919年根据俄国著名学者H.E.茹科夫斯基倡议建立的莫斯科航空技术学校，是苏联武装力量培养空军各种专业工程师的高等军事学校，也是研究航空技术装备及其技术维护与战斗使用方面的科研中心。

了被派遣预定学生的名册，之后又经过入选后的多轮考核及特定的逐级审批，1951 年 7 月，孙家栋以优异的考试成绩和工作业绩，与另外 20 多名军人一起，前往北京接受最后一轮面试。在这里，他要与全军选送来的 300 多名优秀的年轻军人一起，接受最终只有 30 人能去苏联茹科夫斯基空军工程学院读书的考核。

孙家栋再次不负众望，从层层筛选中脱颖而出。他抑制不住内心的喜悦，一改往日话少的性情，激动地大声呐喊："我要去苏联空军工程学院学习、深造喽！"

为培养年轻的专业技术人才，国家不惜代价，在物质基础非常匮乏的年代，空军方面特地选择了质地最好的毛哔叽衣料为他们量体裁衣，定做合体笔挺的军装。一米八高的孙家栋身材魁梧，穿上定做的新军装，更是显得英俊潇洒。

1951 年的秋天乍寒还暖，满山的枫叶姹紫嫣红，孙家栋怀着满腹的理想和拳拳报国之心，踏上了前往莫斯科的征程。那个年代，他们去苏联能够选择的交通工具只能是火车，从北京出发要走一天一夜才能到达中苏边境满洲里，到达莫斯科还要经过六天六夜的行程。孙家栋无心欣赏沿途的景色与风光，他的心早已飞到了茹科夫斯基空军工程学院，遐想着那座能够用知识征服天空的科学殿堂。

到达莫斯科后，孙家栋和他的战友们深切地感受到，世界上第一个社会主义国家的景致竟是如此新颖，莫斯科雄奇和美丽的风光令他们陶醉。

他们来到铺着天然石块、四周围着尖顶红星宏伟建筑的红场②，又来到莫斯科红场下面的地铁站，坐着从未见过的滚动式电梯，欣赏着每层不同特色的大型壁画和比真人还要高大的精致雕塑，不禁像雕塑一样愣在了那里，“这就是科学技术的体现，这就是现代工业革命带来的奇迹”。

②红场（俄文 красная площадь，英文 Red Square），位于俄罗斯首都莫斯科市中心，临莫斯科河，是莫斯科最古老的广场，是重大历史事件的见证场所，更是俄罗斯重要节日举行群众集会、大型庆典和阅兵活动之处，是世界著名的旅游景点。

红场南北长 695 米、东西宽 130 米，总面积 9.035 万平方米，呈不规则的长方形，地面全部由古老的条石铺成。

苏联人民在战后很短时间内取得的宏伟业绩，激起了孙家栋内心的阵阵激情，他恨不能马上学会所有知识，回到祖国，建设自己的家园。

入学以后过“三关”

用“过关斩将”来形容孙家栋在苏联的学习，非常贴切。

茹科夫斯基空军工程学院是军校，要求学生们过着纪律严格的集体生活。为了保证日后学业的顺利进行，学校还按数理化水平，将孙家栋他们分成了三个班，给他们讲授数学、化学、物理和俄语。

因此，孙家栋他们入学后要过“三关”：第一关是学习关，第二关是生活关，第三关是身体关。

孙家栋凭着良好的记忆力，在短时间内将每门功课的内容背得滚瓜烂熟，基本每次都有把握地参加考试。每逢大的考试，学院都会组成考试委员会。而面对诸多考官的提问，孙家栋胸有成竹，沉着应对，在报上自己的姓名后，他会冷静地说：“请允许我问答……”于是，考官们提出的一个个稀奇古怪的问题，在他流利的回答面前势如破竹。

学校每周有一个下午的军体课，四个小时，所有器械、田径等科目都要全部做一个来回，活动量非常大。尽管这样，军体教官对中国学员仍然高标准、严要求，比如双杠，上杠要挺拔利索，杠上收腹抬腿必须达到标准的90度角，否则军体教官会对他们的大腿或胳膊给一巴掌，被拍过的地方便会立刻红肿起来。但孙家栋从来没有受过如此“待遇”。为了保持旺盛的精力和更加强壮的体魄，夏天，田径场、篮球场、排球场或体操器械旁总能看到他的身影；冬天，滑冰场、滑雪场也少不了他。严冬季节，茹科夫斯基空军工程学院要求学员们保质保量地完成平地滑雪，平地滑雪是非常耗费体力的一项运动，有人为了偷懒，不按规定路线完成科目而抄近道回到目的地，但孙家栋从来都是按照规定不折不扣地完成。

由于孙家栋刻苦好学、反应敏捷，很多老师都很喜欢他。授课老师、教官、辅导员丰富的实践经验、严谨的学者风度，也给孙家栋留下了深刻的印象。

孙家栋内心非常清楚，自己是新中国最早的留学生，国家对他们寄予了无限的希望，所提供的生活待遇也很优厚，跨出国门来这里学习不容易，不能浪费光阴，不能辜负祖国和人民的期望，一定要刻苦学习，学到最先进的科学技术，报效新中国。

忘记了熄灯时间

孙家栋在茹科夫斯基空军工程学院，按照教学大纲系统学习飞机设计、维修及管理专业。学习上，他不断给自己加码，除了白天上课，晚上还挤出时间做练习、复习和预习，经常学到凌晨一两点钟。

一天深夜，教室里的灯光仍发出耀眼的光芒，俄罗斯辅导员悄悄走到仍在教室里孜孜不倦学习的孙家栋身旁："达瓦里希孙（孙家栋同志），现在已是学院熄灯时间，你为什么还在这里看书而不回宿舍？"孙家栋猛地一惊，从书堆里抬起头，立正站起："对不起，辅导员同志，我忘记了熄灯时间。"望着眼前这位既刻苦又执着的中国留学生，俄罗斯辅导员苦笑着摇摇头走开了。

面对着像大海一样浩瀚的知识宝库，孙家栋仿如一

块吸不满水的海绵，不知疲倦地用功学习，内心期盼着早日学成，报效祖国。

一次，孙家栋所在班级进行了航空发动机理论考试，担任主考官的苏联科学院院士、赫赫有名的大学者涅卡耶夫，由于一时疏忽拿错了考卷，把“航空发动机静态下主要性能的推导”问题，提给了还没有学过这些课程的孙家栋。

孙家栋听到题目后，先是一愣，稍加思考后，便镇定了下来。他想了想，根据自己平时看书时的记忆做了回答，令涅卡耶夫非常惊奇，坐在他面前的孙家栋竟能将问题回答得如此正确，这不禁引起了他的浓厚兴趣。

“恭喜你，孙家栋同学，你的回答很完美、完全正确。可是我有个不解，这些课程似乎你们还没学过，但你怎么能够答得上来？”

“我在图书馆预习后面的课程时，曾经看过这些内容，这次我能够提前回答出这个问题，应该是我的幸运，我很感谢老师，很感谢涅卡耶夫教授。”

孙家栋平缓、婉转而得体的回答令涅卡耶夫十分高兴，他动情地对孙家栋说：“孙家栋同学，你是我教学生涯中遇到的最令人难忘的同学之一，我为拥有你这样的学生而高兴，对中国学生勤奋和刻苦的学习精神表示赞赏，同时也为茹科夫斯基空军工程学院拥有你这样的学生而感到骄傲和自豪。孙家栋同学，祝贺你！谢谢你！”

从此，孙家栋崭露头角，他的名字开始被校园师生们所熟悉。

在莫斯科见到毛主席

1957年11月17日，莫斯科初冬降临，地面和房顶已是白雪皑皑，但对于在莫斯科留学的中国学生来说，他们的内心却激荡着火一样的热情，正在莫斯科访问的毛主席将要会见中国留学生。

一大早，孙家栋和军校留学生们早早起床，他们把头一晚就擦得锃亮的高筒皮靴、熨得笔挺的军装以及军官大盖帽又认认真真地整理了一遍，准时来到莫斯科大学礼堂前，与参加会见的约3000人会合。大礼堂里没有多余的座位，连礼堂过道都挤满了学生，大家翘首以待，热切期盼着与伟大领袖、与祖国来的亲人见面。

下午6点，毛主席迈着稳健的步伐来到莫斯科大学礼堂。跟着毛主席后面一起登上礼堂舞台的还有邓小平、彭德怀、乌兰夫、胡乔木等中国领导人。毛主席高

兴地在讲台的前沿一边谈笑风生，一边来回走动，频频地向学生们招手致意。台下群情沸腾，兴致昂扬。也就是在这一刻，孙家栋有生以来，并且是在异国他乡，第一次见到了敬仰已久的伟大领袖毛主席。

孙家栋的位置被安排在靠近舞台的最前方，听毛主席讲话最清楚，看毛主席挥手最真切，在那个激情振奋的时刻，毛主席极具鼓舞性的号召又一次激励着孙家栋的学习热情。

毛主席向同学们发表了演说："世界是你们的，也是我们的，但是归根结底是你们的。你们青年人朝气蓬勃，正在兴旺时期，好像早上八九点钟的太阳，希望寄托在你们身上。”讲话中，毛主席纵论天下，旁征博引，说出了“世界上怕就怕‘认真’二字，共产党就最讲‘认真’”的名言。

之后，毛主席又到学生俱乐部，对早已等候至此的数百名留学生说：“我的讲话快要结束了，我对你们提几点希望。第一，青年人既要勇敢，又要谦虚；第二，祝你们身体好、学习好、将来工作好；第三，和苏联朋友要亲密团结。”毛主席的讲话风趣幽默，亲切和蔼。台上台下，有问有答，大厅内充满了欢声笑语。

约一个半小时的会见和演讲就要结束了，前来接受毛主席接见的同学们迟迟不肯离去，他们一直把毛主席送到俱乐部外面，直到毛主席乘坐的轿车从视野里逐渐消失，仍站在原处久久眺望。此时，不知哪位同学带头喊起了口号，所有同学都跟着喊了起来：

“为党工作 50 年！”

“为祖国工作 50 年！”

人群中的孙家栋也无比激动地跟着呼口号。毛主席的这次讲话鼓舞着孙家栋，也鼓舞了整整一代中国人。

“斯大林奖章”

茹科夫斯基空军工程学院有一个激励学生上进的传统做法，就是把每年年终考试获得全优的学生照片放入学院大门口的“明星榜”，如果这名学生年年都能保持全优的成绩，他的照片就会一年往上挪一行，而且照片会一年比一年大，等照片到了最顶头，这位学生就到了毕业的最后学期。

学院同时规定，照片升到顶头的学生，可以荣获一枚纯金质的“斯大林奖章”。这枚奖章对苏联学生来说，可是梦寐以求的期盼，因为奖章获得者不仅享有令人向往的荣誉，而且毕业时可以比普通学生的军衔高一级，可以优先选择自己满意的工作，可以带双份工资享受3个月的休假。这么多的“可以”让人垂涎，但想得到“可以”却并非易事。

孙家栋因为勤奋努力，在茹科夫斯基空军工程学院一直保持着年年全优的成绩，所以榜上年年都有他的“明星照”。

1958 年 3 月 10 日，即将毕业的孙家栋仍然保持着门门 5 分的优异成绩，他的“明星照”升到了最顶头，也因此荣获了最高苏维埃颁发的纯金质“斯大林奖章”①。当时在全部留学生中，能够得到“斯大林奖章”的人屈指可数。当孙家栋登上苏联红军俱乐部的领奖台，正步走向颁发奖章的学院领导时，内心的荣誉感和自豪感油然而生。这枚来之不易的奖章，不仅是孙家栋的光荣，也是全体中国留学生的光荣。

回国的日子一天天临近。“毕业后立即回国，祖国的社会主义建设正是需要我们的时候，我要用学到的本领报效祖国。”这是孙家栋的心声，他早已归心似箭！

① “斯大林奖章”

学院里两位资深教官奉命找孙家栋谈话。

“孙家栋同学，你想好了一定要回中国吗？你若能留下来，在苏联工作或做研究，对你以后的发展会更好。”“我们可以为你提供更好的条件，让你能够更好地开展科学研究。”

孙家栋对两位教官的谈话似乎早有心理准备，他很有礼貌但态度坚定地谢绝了他们。

往日的苦读历历在目，7年寒窗，2000多个日日夜夜，孙家栋对茹科夫斯基空军工程学院有着浓厚的情感。教授、教官们的厚爱，同学们的友情，宿舍、教室、操场、食堂、图书馆……但这一切，并不是为了留在苏联工作！

“孤帆远影碧空尽，唯见长江天际流。”孙家栋对祖国怀有强烈的情感，这份情感比对苏联和茹科夫斯基空军工程学院的留恋更深沉，更厚重！

1958年4月，孙家栋沐浴着明媚的春光，登上了归国的列车。“祖国啊，我回来了，您的学子就要回到您的怀抱！”

第三章

导弹刺天

当了裤子也要搞导弹

20世纪50年代，在一无设备、二无资料的条件下，新中国的领导人高瞻远瞩地制定了一系列战略决策，把导弹武器研制列为国家的重点工程。毛泽东斩钉截铁地说：“我们要下决心搞尖端！这个决心不能动摇！”陈毅元帅说：“一定要搞尖端技术！就是当了裤子，也要把原子弹搞出来！”

1956年10月8日，是中国航天发展史上一个值得纪念的日子。这一天，中国第一个导弹研究机构——国防部第五研究院正式成立，冲破重重障碍从美国回到祖国的钱学森被任命为院长。

新组建的国防部五院急需技术人才，主管科学技术的副总理兼航空委员会主任聂荣臻[①]给空军司令员刘亚楼打电话，要从茹科夫斯基空军工程学院留学归国的毕

①聂荣臻（1899 年 12 月 29 日 –1992 年 5 月 14 日），出生于重庆江津吴滩镇，1923 年 3 月加入中国共产党，1924 年到苏联学习。新中国成立后，历任中央军委秘书长兼中国人民解放军代总参谋长，国防委员会副主席，中央军委副主席，国务院副总理兼国家科委主任、国防科委主任。1955 年被授予元帅军衔。

业生，刘亚楼诉苦说：“聂帅，你提出要人，我怎么也不敢不给，但给你三分之二，给我留 8 个人行不？”聂帅停顿一下后说：“好，就按你说的办。”在刘亚楼提供给国防部五院的名单里，孙家栋名列其中。

1958 年 4 月 20 日，孙家栋拿着报到通知书来到国防部五院一分院导弹总体设计部，带着他 7 年寒窗积累的飞机发动机知识，开始了对新中国导弹发动机的研究，开始了他新的人生轨迹。

到国防部五院一分院没几天，孙家栋就接受了保卫部门主管领导的保密纪律教育：“我们现在所在单位，承担着国家导弹武器研制任务，对外称呼为 0038 部队，所有人都不能向任何人泄露单位性质和工作、驻地情况，包括自己的父母、妻子和孩子。如果有人问你，你就编。你们的所有信件也将受到监控和检查。”保卫部门领导的讲话，让孙家栋感到了工作的重要性和形势的紧张程度。

孙家栋回忆说：“国防部五院对保密工作非常严格，每人都有个保密包，单位专门做了一个绿色帆布的大口袋，再给每人发个保密本，领本的时候要签字。保密包的封口有两根细绳，用一块橡皮泥把两根绳按上。按上以后自己盖个戳，交到保密室。下班后只要你离开这个办公楼，你这个文件包里所有的文件都要交到保密室，保密室一天 24 小时都有人值班。第二天你上班时，要办个签字手续，才能把包领出来。还得看一下，昨天盖的那个戳有没有人动过，如果没人动过，再领出来。”

1958 年，新中国面临的国际国内形势依然险峻，严格的保密措施对于担负重要国防科研任务的国防部五院来说，无疑十分必要。

良师益友钱学森

孙家栋在苏联学习时就曾听说过“钱学森”①的名字，当时的钱学森已经是国际知名科学家，孙家栋没想到自己回国这么短时间，就能在钱学森的身边工作，这个机会太珍贵了，有这样的老师在身边，遇到不明白的

①钱学森（1911 年 12 月 11 日 -2009 年 10 月 31 日），出生于上海，祖籍浙江省杭州市，世界著名科学家，空气动力学家，中国航天事业奠基人，中国科学院、中国工程院院士，“两弹一星”功勋奖章获得者。1955 年 9 月 17 日，钱学森携妻子蒋英和儿女，登上了“克利夫兰总统号”邮轮，踏上返回祖国的旅途。10 月 8 日，钱学森一家终于回到了自己魂牵梦绕的祖国，回到自己的故乡。

问题一定要及时请教，如果学不成，一定是自己不用功。

但孙家栋又有自己的担心，自己学的是飞机设计专业，对导弹长什么样子、怎么设计、怎么制造，心里一点底儿也没有。周围的同志，也没有学导弹专业的，对导弹都很陌生，拿到外文资料后，就连有丰富外语经验的翻译，也不知该如何翻译 guided missile 这个名词，因为在中国当时的英汉词典里还没有这个名词。有人将这个词译作“飞弹”，有人译作“带引导的弹”，但都不标准也不形象，最后还是由钱学森给以定义，确定译作“导弹”②。之后，由钱学森编制导弹课程大纲，亲自讲授导弹概论，并请庄逢甘教授讲空气动力学，梁守槃教授讲火箭发动机，朱正教授讲制导……

②钱学森给导弹起了译名后，中国的《辞典》里就有了“导弹”一词：依靠自身发动机喷射工质产生反作用推进、能控制其飞行弹道、将弹头导向并毁伤目标的武器。它既可以在地球大气层中飞行，也可以在没有空气的外层空间飞行。导弹通常由战斗部、控制系统、发动机装置和弹体等组成，其突出的性能特点是射程远、精度高、威力大、突防能力强。

钱学森严谨的工作作风，令孙家栋终生难忘。20世纪60年代后期，中国自行研制的一种新型火箭即将运往发射基地，按惯例，产品出厂前要完成装配、测试工作，其中，惯性制导平台上的4个陀螺测试时要精确地装好，测试完后再拆开、包装好，运往发射基地。由于时间紧，车间师傅跟孙家栋说，因为时间紧，4个陀螺是同一批次生产的，第一个能装上，其他3个应该也没有问题。孙家栋觉得师傅说的有道理，便同意了。万万没有想到，在发射场装配时却出现了问题，后面几个陀螺怎么也装不上去，他立即向钱学森院长报告。

听了汇报后，钱学森并没有批评孙家栋，而是建议仔细研磨后再试装。研磨时，钱学森亲自来到现场，仔细查看故障排除情况。精密部件的研磨很费时间，钱学森背着手不说话，在现场走来走去。孙家栋和工人师傅从下午1点一直干到第二天凌晨4点才装好，钱学森就一直在现场陪到凌晨4点。大家几次劝他回去休息，但他就是不走。钱学森在现场没有讲任何批评的话，但孙家栋却将此教训记了一辈子。

钱学森的一次暗示

寒冷时节的一次会上，有人在会议室里抽烟，许多人被呛得直咳嗽。钱学森看到这种情况，什么都没讲，起身走到窗前打开一扇窗户散气。钱学森冷不丁的这一动作，让抽烟的人愣了一下，随即掐灭了烟卷。钱学森这一招很奏效，以后再也没有人在会议室里抽烟了。

后来，孙家栋把这种严格要求的作风带到了中国空间技术研究院。有人说孙家栋太严厉了，孙家栋便解释说："钱学森为我们树立了严谨的好榜样，我们必须认真办好每一件事。"

责任由我来担

钱学森敢于负责、勇于替下属和青年同志承担责任的作风为孙家栋树立了榜样。1962 年的一次导弹发射失败，对搞总体的人来说是天大的事情，每个人的心理压力都非常大。分析故障时，钱学森看到孙家栋他们很沮丧，就主动承担责任，为大家减压。钱学森说：“如果说有考虑不周的地方，首先是我考虑不周，责任在我，不在你们。你们只管研究怎样改进，大胆工作。你们所提的建议如果成功了，功劳是大家的；如果失败了，大家一起吸取教训，责任由我来承担。”钱学森的一席话，对孙家栋他们的鼓舞作用非常大，顿时打消了顾虑，放下了包袱。

孙家栋当了领导后，看到年轻人工作上有什么差错，也常常像钱学森那样，替他们承担责任，鼓励他们放下包袱，把事情办好。孙家栋先后担任工程总体组组长、总体室主任、总体部副主任，直接在钱学森的领导下从事导弹设计、研制、试验工作，受益匪浅。

孙家栋经常提起钱学森曾经说过的一句话："我作为一名中国的科技工作者，活着的目的就是为人民服务。如果人民最后对我的一生所做的工作表示满意的话，那才是最高的奖赏。"这段简短的人生座右铭，就是他为祖国、为人民鞠躬尽瘁、一生以科学态度追求真理的真实写照。

踌躇满志"爬楼梯"

中国最初的导弹研制是从仿制苏联送给中国的两枚"P-2"型近程导弹开始的。200年前，中国的康熙皇帝送给俄沙皇两箱中国古代的火箭，200年后，苏联"老大哥"回赠了两枚"现代火箭"，这两枚"现代火箭"与孙家栋的命运联系在了一起。

在屠守锷的带领下，孙家栋等导弹总体部研制人员开始了仿制导弹的研究，他们昼夜加班加点，以最快的速度完成了图纸描红，原理研究，仿制，消化，吸收，反设计①，利用每一阶段的实际计算结果与苏联提供的数据进行比对，以此验证计算方法和计算公式的正确性，为以后的自行研制摸索经验。孙家栋日夜不停地趴在摞得像小山一样高的资料堆上翻译资料，再进行系统归类，尤其是对总体技术指标和总体技术数据进行验

①用钱学森的话说，反设计就是："按专业组把弹体、发动机，直到每个螺丝钉、垫圈，都小心地拆下来，仔细研究做好记号后，再分别去测量，最后自己动手绘制图纸。"

算，通过模仿设计，力争掌握苏联的导弹设计思路。

聂荣臻元帅形象地把仿制比喻为"爬楼梯"，意为要一步一个台阶地通过仿制把导弹技术研究透，为以后的自行研制奠定基础。

功夫不负有心人。孙家栋他们循序渐进地摸索到了导弹设计的思路，也很快掌握了导弹制造的关键环节。

“两弹结合”

1960 年 8 月，孙家栋被任命为导弹型号总体设计室主任，随东风一号导弹试验队秘密开赴酒泉基地执行导弹发射任务。11 月 5 日，中国第一枚仿制的近程地地导弹发射试验获得圆满成功。

天有不测风云。1962 年 3 月 21 日，中国自行设计研制的第一枚中近程导弹首次发射，由于控制系统失稳，导弹刚刚起飞就坠毁在发射台附近。孙家栋看着眼前浓烟滚滚，心情异常沉痛，没日没夜的辛劳成果瞬间毁于一旦。

孙家栋立即组织人员投入到故障查找、分析和方案设计改进的紧张工作中。他们从总体设计方案入手，使用剥竹笋的方法，一层层地对各个分系统的技术状态以及可靠性进行分析试验，很快找出了导致失败的原因。

为此，他们重新修改了设计，先后完成了17项大型地面试验，确保导弹起飞前所有问题清零，绝对不允许导弹带着问题上天。

1964年6月29日，经过改进的东风二号导弹在发射场点火起飞，发射任务取得了圆满成功。

张爱萍之问

“东风二号”第二次飞行试验是国防科委副主任张爱萍亲自主持的。在发射前听汇报时，张爱萍没有问总设计师有没有把握，而是问：“凡是认识到的问题都采取措施解决了吗？”张爱萍的意思是，如果还有没有认识到的问题，即使试验失败了那是另一个问题；但如果认识到的问题还没有解决，那他就坚决不同意贸然点火发射，问题必须在地面处理掉。张爱萍之问，以后演变为航天型号飞行试验前一条雷打不动的放行准则。

1966年10月27日上午9时整，中国用改型的中近程地地导弹，运载着真正的核弹头在酒泉基地实施发射，9分14秒后，从新疆罗布泊导弹落区传来了“在预定高度成功实现核爆炸，核弹头精确命中目标”的报告。静寂了千年的罗布泊，在那一刻记录了历史，“两弹结合”试验获得圆满成功！聂荣臻立即向等在电话机旁的周恩来总理做了汇报，周总理眼含热泪，喊着说：“请转告科学家们，你们又一次响亮地回答了世界！”

一根小白毛的故事

1966年10月中旬，“两弹结合”试验在进行导弹测试时，一名新战士发现弹体内部24号插头第5插孔里有一根约5毫米长的小白毛，小战士怕小白毛造成通电接触不良，就用镊子夹，但怎么也夹不出来，改用铁丝挑，也无济于事，最后他找来一根猪鬃，费了九牛二虎之力，才把这根小白毛挑出来。此事后来作为严肃认真、一丝不苟的典型事例教育航天工作者。

是啊，当年西方敌对势力对我们蔑视地讥讽说：“中国虽然搞出了原子弹，但那是有弹没枪的玩意儿，只能当个摆设，是个中看不中用的东西。”如今，中国自己制造的导弹托举着自己的核弹头，按照预定轨迹，圆满落入预定目标。西方那“有弹无枪”的论调，被孙家栋他们创造的奇迹抛到了九霄云外。

第四章

卫星苍穹

九年导弹转卫星

人生之路可能因某种机缘发生大转弯，连孙家栋自己都没有想到，搞了近10年的导弹研制，却又与卫星结下了不解之缘。

1957年10月4日，苏联成功发射了世界上第一颗人造地球卫星①。1958年5月17日，毛泽东在党的八大二次会议上发出“我们也要搞人造卫星”的号召。

①人造地球卫星是指环绕地球飞行并在空间轨道运行的无人航天器。人造卫星是当今人类发射数量最多、用途最广、发展最快的航天器，主要用于科学探测和研究、天气预报、地球资源普查、通信、导航等领域。人造地球卫星按用途可分为科学卫星、技术试验卫星、应用卫星三大类。

1967年7月29日午后，北京最炎热的盛夏，大地蒸腾，骄阳似火，孙家栋汗流浃背地在伏案审核导弹设计图纸，为了不让头上的汗珠流到图纸上，他简单地用一条毛巾围在脖子上，聚精会神地趴在图纸上看那些密密麻麻的线条和符号。

此时，一位头顶红五星、身穿军装的解放军同志，突然出现在孙家栋面前："你好，孙家栋同志，我是国防科委的参谋汪永肃，上级派我来向你传达一个关于你工作调动的通知，钱学森院长向聂荣臻元帅推荐了你，根据聂老总的指示，决定调你到新组建的空间技术研究院工作，要求你现在立即上任，负责中国第一颗人造地球卫星的总体设计工作。"

在"文革"那个混乱年代，如何建立并组成卫星总体设计队伍，成为摆在孙家栋面前非常棘手的问题。他想，搞卫星总体，要先选人，但稍有不慎就会引火烧身，被抓住小辫子"上纲上线"。既然领导交给了这个重任，就要一门心思从搞卫星的实际需要出发。孙家栋一咬牙，横下一条心，不怕别人说三道四，只要被选中的人条件优越、技术水平高超，就不去管他是这派还是那派的。

经过紧张的考察和挑选，孙家栋从不同的专业角度和技术特长出发，最后选定了18人，很快得到了钱学森的同意和聂荣臻的批准。这18人便是中国卫星发展史上有名的“航天卫星18勇士”②。

②航天卫星18勇士

戚发轫 沈振金 韦德森 张福田 彭成荣
尹昌隆 朱福荣 孔祥才 王　壮 杨长庚
王大礼 张荣远 刘泽光 郑忠琪 林殷定
鲁　力 王一方 洪玉林

1950年3月，孙家栋当天决定，当天入伍；17年后，孙家栋又是当天由搞导弹立即转入搞卫星，人生转折来得如此雷厉风行，这真应了孙家栋日后的感想，“我的工作就是服从国家分配，祖国的需要就是我的选择，并且必须加倍努力把工作做好。”

上得去、抓得住、听得清、看得见

东方红一号卫星[1]所定目标，通俗地概括为“上得去、抓得住、听得清、看得见”。

①东方红一号卫星，是中国发射的第一颗人造地球卫星，于1970年4月24日在酒泉基地发射成功，由此开创了中国航天史的新纪元，使中国成为继苏、美、法、日之后世界上第五个独立研制并发射人造地球卫星的国家。

作为卫星总体技术负责人的孙家栋，大胆提出了对原来的卫星方案进行简化，充分发挥技术人员的聪明才智和积极性。他说服了一些老专家，把卫星研制计划分为两步走，先用最短的时间实现卫星上天，在解决了有无问题的基础上，再研制带有探测功能的应用卫星。

如何实现东方红一号卫星看似简单、实现起来却有很大难度的既定目标呢？以“听得清”为例，《东方红》乐曲信号和遥测参数是通过卫星上的短波天线发送的，当卫星被送入太空预定轨道后，短波天线必须展开，这是保证播放《东方红》乐曲质量的关键。卫星发射前，每根长 3 米、由 3 节组成的 4 根短波天线，要分别被收缩成 1 米长的天线，与卫星自旋轴平行套在三级火箭外壁上的卡环中。火箭飞行临近结束前，三级火箭以 180 转 / 分的速度带着卫星自旋转，收缩状态下的 4 根短波天线在离心力的作用下迅速展开。然而，要在太空高速旋转的状态下展开天线，是一个较为复杂的运动过程。

第一次模拟卫星自旋天线展开释放试验，出现了最后一节天线被折断甩出去的情况，试验没有成功，又做了 2 次、3 次、4 次……一直做了 10 次仍然没有成功。一次次的失败使大家冷静下来仔细分析：天线展开后，两节天线间连接部分太短，强度不够，管子的直径也较大。质量大，在高速旋转时的离心力也大，因而末节天线容易折断。经过反复思考，孙家栋与技术人员提出，天线释放和展开是个复杂的运动合成，要作为专题来研究，还要考虑在地面做试验时重量的影响。他们反复分析、试验，修改天线结构，增加一个铰链，又重新进行了几次试验，均获成功。接着，孙家栋又对卫星的整体热平衡提出了解决方案，之后又在质量不够的仪器设备处通过加配重来解决平衡问题。

1969 年 9 月，第一颗东方红一号卫星完成了初样卫星全部环境模拟试验，结果证明卫星各系统符合指标要求，技术状态正常。10 月，东方红一号正样卫星完成了各系统的研制工作。

按照卫星研制程序和生产试验计划，即将上天的东方红一号卫星稳步前行，发射日期一天一天、一分一秒地进入倒计时。

插头数的困惑

1969 年 10 月下旬的一天晚上，孙家栋作为卫星总体技术负责人和钱学森一同来到人民大会堂江苏厅。孙家栋他们刚把卫星初样模型摆放好，周恩来、李先念、余秋里等中央领导和参加会议的有关部委负责人就来到了会议大厅。

孙家栋想起 1962 年周恩来总理在人民大会堂宴请科学技术界知识分子时的情节。当时受三年困难时期影响，周恩来总理非常体谅这些年轻知识分子的身体状况，特意上了一道“红烧肉”，一寸见方的肉块人人有份，孙家栋许久没有这样的口福了。要知道，在当时中国的那个饥饿年代，毛泽东，拒绝吃肉；周恩来，停掉了茶；邓小平，戒掉了烟……

周恩来总理步入会议大厅后，迎着大家的目光健步来到会议桌旁，面对大家举起双臂，招手让大家坐下后，自己才坐下来。

钱学森首先将孙家栋介绍给了周总理。总理亲切地拉着孙家栋的手，向他询问了一些简单情况，将孙家栋高度紧张的大脑放松下来。

钱学森就东方红一号卫星和长征一号运载火箭的研制以及目前发射准备的总体情况，向中央领导作了全面汇报。孙家栋对卫星初样进行了讲解和说明，对主要技术参数和研制中的重要情况作了具体汇报。

周总理对钱学森和孙家栋的汇报听得很认真，还不时提出一些问题，尤其是对卫星上每一个环节的质量和保障措施问得很详细。

当孙家栋汇报结束时，周总理突然像考场里的考官那样，对孙家栋问道："卫星上总共有多少根电缆哪？"

孙家栋如数作了回答。

周总理又问："卫星上总共有多少个插头呢？"

这下可把孙家栋给难住了，他一时有些语塞。要知道，卫星上有许多分系统，分系统与分系统之间、卫星与地面测试设备之间、卫星与火箭之间，有电源连接插头，有无线电设备插头，还有机械配合插头，孙家栋只顾了总体把关和严格要求各分系统完成指标，对卫星上有多少个插头，还真没有准确统计过。

孙家栋红着脸不好意思地说：“总理，我回去认真统计好后向您汇报。”

周总理笑了笑，和蔼地说道：“这些数字对我来说是没有什么用处的，但对你们来说应该是重要的。你们搞卫星工作，首先要仔细认真，应该像外科医生那样对病人的每一根神经、每一条血管都很熟悉，才能保证卫星的万无一失。”

敢向总理讲真话

在向周总理汇报前，孙家栋的大脑里一直有一个拿不准的问题，不知该不该在这种场合向总理提出来，那就是卫星许多仪器上镶嵌的毛主席金属像章对卫星部件的影响，如何处理尊重科学与突出政治的矛盾？

此时正是“文革”个人崇拜的鼎盛时期，佩戴毛主席像章成为风气，各分系统都约定俗成地在卫星仪器的外壳上镶嵌一枚毛主席像章，有的像章还挺大，好像把像章做得越大、越漂亮，就越能显示出对毛主席的热爱。岂不知加上去的这些像章，会给仪器本身带来很多问题。首先是超重问题，比如分配给某仪器的额定重量是 3 千克，但在总装时却超过了 3 千克，被问责时，这个系统的人员会理直气壮地告诉你，超重的部分是毛主席像章。在那种情况下，没有人敢站出来提出反对意见。

但作为总体负责人的孙家栋就不同了，他得考虑因为像章带来的技术问题。那么多仪器装配在一起，由于镶嵌了很多像章，将会使火箭的运载余量减小，必然会降低火箭的可靠性。另外是散热问题，每台仪器都有自己特定的散热条件，仪器所涂的颜色不同，结构材料的厚度不同，散热的情况也不同，增加毛主席像章可能会影响仪器散热，还会带来许多尚未认识到的技术问题。但从技术角度来讲，谁也不敢肯定地说，在仪器上加枚毛主席像章就会把仪器弄坏，因此没有人敢贸然说反对的话。更为严重的是，有可能说了这句话，政治帽子便会落到自己的头上。孙家栋在汇报的前一天想了一晚上，怎么办？要不要向总理坦诚报告？

此时，孙家栋觉得这件事情如果再不汇报就没有机会了。于是，他很郑重地对周总理说道："还有一个问题，不知该不该在这里汇报，就是关于卫星仪器设备上安装毛主席像章的问题。出于对毛主席的热爱，在各个卫星仪器上安装毛主席像章，从政治感情上讲，很容易理解；但从技术角度讲，一是质量超限，二是影响散热，至于卫星上天后会产生什么影响，目前还不清楚，也没有条件试验确认。"

孙家栋提出的问题，立即引起了周总理的重视。总理说："大家对毛主席的热爱是可以理解的，但大家看看我们人民大会堂这个政治上这么严肃的地方，也不是什么地方都要挂毛主席的像，你看咱们这个会议室就没有挂毛主席的像嘛。政治挂帅的目的是要把工作做好，而不是把政治挂帅庸俗化，搞卫星一定要讲科学，要有科学态度。你们回去以后好好考虑一下，只要把道理给群众讲清楚，我想就不会有什么问题。"

周恩来总理的话句句在理，不仅使孙家栋心中豁然开朗，而且使在座的人心里放下了一块沉重的石头。会后，钱学森、孙家栋向有关人员传达了周总理的意见，大家马上做了安排，使这件棘手的难题迎刃而解。

《东方红》乐曲响彻太空

1970 年 2 月初，东方红一号卫星完成了整星状态下的自旋试验，火箭和卫星的质量全部合格，出厂前的各项工作准备完毕。

3 月 26 日，周恩来总理正式签字批准火箭、卫星出厂。4 月 1 日，装载着长征一号运载火箭[1]和东方红一号卫星的专列离开了北京南苑专列站台，一路西行，如期抵达酒泉基地。

①长征一号运载火箭，是中国研制的第一种运载火箭。长征一号火箭是一枚三级火箭，其中第一级、第二级是在中国自行研制的中远程导弹的基础上通过适应性改造而成的，并增加了新研制的以固体火箭发动机为动力的第三级。

4 月 14 日，卫星按照测试大纲要求完成了各项测试工作。周恩来总理和中央专委领导要求再次听取发射场人员对火箭、卫星的汇报。

钱学森对火箭和卫星进入发射场后的情况做了认真的书面汇报，在谈到发射场出现的问题时，他内疚地说："尽管大家做了反复的检查，但在总检查时还是发现火箭舱内有遗留下的焊渣和钳子等多余物。"

周总理的眉头紧锁了一下，立即插话说："这可不行！这等于外科医生开刀把刀子、镊子丢在了病人的肚子里嘛！你们的产品允许拆开、再组装，找一遍不行再找一遍，总可以搞干净嘛！无非是晚两天出厂，但把焊渣和钳子丢在火箭里头，这是不能原谅的！"

汇报到安全方案时，周总理认真地看着地图上标着的卫星发射后的理论飞行轨迹，又提出了一些问题，比如：火箭发生什么故障必须按照安全预案处置？安全预案实施后会产生多大的影响？同时要求对可能出现的各种情况，都要在目前所掌握的能力范围内多动脑筋，把问题尽可能地想周到。

4 月 24 日，西北的傍晚，发射场上空万里无云，随着发射警报从高音喇叭里一次次地响起，发射场坪的人员按照发射程序有序撤离，太阳已经落下，发射场四周的照明灯将发射场照的如同白昼，地下控制室的潜望镜伸向地面，人们屏住呼吸，等待火箭点火的最后一刹那。

21 时 35 分，高音喇叭里传出指挥员洪亮的“点火”口令，地下控制室发射控制台前的胡世祥按下火箭“点火”的按钮。瞬间，载有东方红一号卫星的运载火箭喷射烈焰，伴随着发动机的轰鸣声腾空而起、直刺苍穹。15 分钟后，高音喇叭里传出测控系统“星箭分离”“卫星入轨”的报告。

东方红一号卫星发射成功了！

东方红一号卫星环绕地球飞行，《东方红》乐曲响彻太空！

孙家栋抑制不住内心的喜悦，眼里涌满了激动的泪花。

第五章

群星闪烁

长“耳朵”的实践一号

如何将科研成果快速转入工程应用，是孙家栋思考比较多的问题。1970 年 5 月，孙家栋主持制定了中国第二颗人造地球卫星“实践一号”的总体技术方案，他肩上的担子更重了。

1971 年 1 月 19 日，实践一号卫星和长征一号运载火箭由北京运到酒泉基地。然而，当火箭按照正常程序在地面进行模拟飞行试验时，控制系统关机指令出现了异常。这个问题引起了孙家栋的重视，他要求技术人员以火箭的故障为案例，在卫星各系统举一反三、查找隐患，在地面彻底杜绝不安全因素。

3 月 3 日 20 时 03 分，实践一号卫星腾空而起，准确入轨，正常运行，但设在全国各地的测量台站竟没有接收到从卫星发来的遥测信号，入轨后的卫星成为一颗

“哑星”“铁疙瘩”。

原来故障是由于末级火箭与卫星没有实现成功分离，遥测天线被卡在卫星与火箭的连接处伸不出来，遥测信号无法送出导致的。几天时间里，卫星曾几十次飞过中国上空，却无法与卫星“握手”，大家只能默默静候卫星信号的出现。

3月11日，地面人员突然接到两种遥测信号，没错，信号就是从卫星上发出的，而且越来越强，越来越清晰。

通过一系列分析和观测确认，卫星入轨第八天，末级火箭与卫星实现分离，遥测天线展开，遥测信号出现，卫星投入正常运行。

实践一号卫星继承了东方红一号卫星外形采用72面棱球体的方案，但不同的是卫星球体表面除了28块太阳能电池外，还多出了两片亮闪闪的“耳朵”。

原来，这又是孙家栋解决技术难题的一个绝招。科研人员在模拟太阳光照射卫星北极进行热真空试验时发现，附舱Ⅰ的温度比计算结果低了15℃，仅为−25℃～23.5℃，遥测设备如果长期处于这个温度范围将会影响正常工作。但此时按照发射的总体进度已来不及对卫星热控分系统进行更改。有人提出是否可以采用孙家栋在东方红一号卫星研制使用的串联电阻的方式来解决，可太阳能电池的总供电余量仅有不到 10 瓦，而且已经分配给了各分系统，显然这是不可能的。

关键时刻，孙家栋逆向思维的总体技巧又派上了用场。他眉头一皱，计上心来，提出利用黄金吸收热量多、挥发热量少的特性，在卫星外壳体安装两片耳朵状的黄金板，用此方法多吸收一点太阳的热量送给卫星，使卫星舱内的温度变化范围控制在设计要求之内。孙家栋用逆向思维，简单易行地解决了这个难题。

多年后，当孙家栋谈起实践一号卫星时，依然兴致勃勃地说："实践一号卫星是中国第一颗长寿命卫

星，原计划在轨工作1年，但实际工作时间长达8年，大大超过了设计指标，为中国研制长寿命卫星奠定了基础。”

停止发射

1965 年 8 月，中央专委第十三次会议明确指出，我国发展人造卫星以应用卫星为主，应用卫星以返回式遥感卫星①为主。

①返回式遥感卫星是一种用于国土普查的遥感卫星，被广泛应用于大地测量、资源勘探、资源普查、交通建设、城市规划等很多领域。中国第一种返回式卫星的形状为羽毛球状的钝头锥体，最大直径 2.2 米，总长度 3.144 米，重量 1800 千克，工作时间 3 天，由仪器舱和返回舱两个舱段组成。

1968 年 2 月，返回式遥感卫星总体设计任务落到了孙家栋的肩上。此时，他还在主持研制东方红一号卫星，又担任了中国第一颗返回式遥感卫星的技术负责人。

1974 年 11 月 5 日 11 时，一望无垠的茫茫戈壁，整装待发的第一颗返回式遥感卫星完成了各项检测，星箭组合体雄伟地矗立在发射台上。

离火箭点火的时间只剩几十秒，火箭托举着卫星刹那间就要点火起飞，然而此时的卫星却没有收到成功转内电的信号，卫星没有按照设定的程序转入内部自供电状态，意味着在不到 1 分钟内火箭点火，火箭将带着不能正常供电的卫星升空，送入太空的将会是一个重达近两吨的毫无用途的铁疙瘩。

就在这千钧一发之际，孙家栋不顾一切地大喊一声："停止发射！"发射程序戛然而止，而孙家栋却因为神经高度紧张，昏厥了过去。

如果按照正常程序逐级上报，等待指挥员发布"停止发射"的命令，根本来不及。

要知道，在"政治高于一切"的年代，在这紧急关头，果断处置需要何等的胆识，将承担多大的风险！这不仅仅有技术风险，更可怕的是那无法承担的政治风险！

昏厥的孙家栋清醒过来后，立即布置要求检查卫星的数据记录，因为可供卫星发射的时间段仅有 4 个多小时，这个时间段被称为卫星的“发射窗口”[②]。此时的火箭早已加满了推进剂，对停放时间有严格要求，一旦超出停放时间极限，将会引发许多连锁问题。

②发射窗口是指运载火箭发射航天器入轨的时间范围，这个范围的大小也称为发射窗口的宽度。对于航天器而言，确定发射窗口，实际上是根据约束条件来确定飞行轨道与特定对象（如太阳、月球、交会对象等）之间的相对位置，同时也考虑适当的发射环境条件。

排除一切故障后，卫星和火箭重新进入发射程序。15 时 30 分，在发射窗口的最后时限，随着“点火”口令的下达，火箭在震耳欲聋的轰鸣声中离开了发射台……

不幸的一幕发生了，火箭在点火起飞仅仅 20 秒便出现了失控现象，与卫星一起被自毁系统炸成碎片，散落在离发射台不远的地面。

几年来的心血顷刻化为灰烬，孙家栋和技术人员们为之操劳了上千个日日夜夜的成果，还没来得及亮相，便永久地消失了。大家悲痛交加，有的忍不住痛哭流涕。只有亲身经历了磨难的人，才能体会此时内心的辛酸，但又必须面对现实，吸取教训。

刨地三尺也要把问题找到

孙家栋作为返回式遥感卫星的技术负责人，他认为队伍的士气不能垮，他坚定地对大家说：“虽然事故是由于火箭故障引起的，但我们要从火箭的故障中找出共性的东西，以此总结经验教训，引以为戒，抓好我们的卫星质量。”

几十年过后，每当大家提起这次事故，孙家栋还总是情不自禁地流露出内心的惋惜和难过。每当说到那次失败，孙家栋仍然记忆犹新：“1974 年 11 月 5 日的那次发射，造成了非常严重的损失，给大家带来难忘的教训。后来把原因彻底查出来后，却是由一个非常简单的小问题引发的。失败缘于火箭里的一根导线，这根导线里头的铜丝质量不好，里面有裂纹，可外面胶皮套没断。发射时，火箭在剧烈震动的那一刻，恰巧使导线断开。

火箭爆炸的现场，真是一片火海，从发射场的一角望去，火箭残骸燃烧的火焰在大白天都把半边天映成了红色，此情此景，令人痛心不已。虽然航天严格强调必须保证质量第一，要求对每一个螺丝钉都绝不放过，严格对待，但终究是没有经验，大家从来没有过这方面的失败体会。

当时，能把问题的原因找出来也不是那么简单。那么大的一片沙漠里，大家基本把那块沙地给翻了一遍，然后像过筛子一样，把每一小块残骸逐一查看后，让大家来认领自己的东西，这一块小铜片是我这个仪器上的，那个螺丝钉是你那台仪器上的。大家分门别类地对照残骸认真检查，对每一根导线进行排查，当拿起这根导线用光一照时，发现完整胶皮里面的导线却是断的！但是，这还不算充分的证据，还要弄明白这根导线是哪个系统的？是什么设备上的？这根导线是在什么时间断的？断了之后会出现什么样的现象？这些都要做充分的理论分析，再到实验室进行模拟试验。一定要将试验结果与火箭事故完全吻合，才能证明与故障的关系。”

火箭和卫星研制人员没有被失败吓倒，孙家栋鼓励大家不能灰心，要从失败中重新振作起来。一年后，新一枚运载火箭和第二颗返回式遥感卫星完成了各项检测程序，又雄伟地矗立在了发射台上。

1975 年 11 月 26 日，随着“牵动”“开拍”“点火”的口令，长征二号运载火箭携带着返回式遥感卫星离开地面、冲出大气层、飞向太空……

在卫星航区跟踪测量站一声接一声的口令中，调度中心传来了喜讯，返回式遥感卫星发射成功。

45 年前，孙家栋领导的这项卫星工程克服了重重困难，填补了中国航天的空白，在国际社会大长了中国人的志气。当时开创的航天器返回技术，对当今中国载人航天的顺利进行、对航天员完成太空飞行任务后的安全返回，是一种技术积累。

取消卫星“炸药包”

研制发射返回式卫星所需要的技术，在当时堪称世界最为复杂、尖端的技术之一。美国和苏联的返回式卫星都有过多次失败后才获得成功。美国 1959 年开始了“发现者”返回式卫星的研制，经过 38 次飞行试验，历经 12 次回收—失败—改进—再回收，最终才获得成功。苏联的航天器返回技术以载人航天为目的，所进行的试验次数更多。而中国的返回式遥感卫星则首次飞行试验即获成功，中国成为继美国和苏联之后第三个掌握卫星返回技术的国家。

1974 年发射返回式卫星时，孙家栋的压力很大。因为返回式卫星即便能够返回，还得让卫星落到指定的地方，要卫星从北往南进入中国上空后落在四川。假如落下来的速度慢了一点儿，卫星会不会继续往南飞？如果继续往南飞的话，说不定就飞出国境了。如果掉到海里还好一些，要是落到国外，麻烦事就大了。

怎么办？科研人员商议，在第一颗返回式卫星发射前，在卫星上装个“炸药包”，一旦发现轨道不正常，控制不了落点，就发出指令，将卫星返回舱在空中炸掉。

“炸药包”安置好后，卫星进入发射场开始电测，就在临近发射时，有人又提出，如果卫星运行正常，并落到了指定范围，在回收后打开、分解、取出胶片盒时，万一里面的“炸药包”炸了，就会酿成重大事故。

“炸药包”是装，还是不装？说装的有道理，说不装的也要讲出道理。孙家栋作为卫星技术负责人，白天、晚上都在研究这个问题，精神上有点支撑不住，晕倒了好几次。经过正反两方面的反复权衡，大家统一了意见，认为卫星万一飞出国外，属于外交范畴；卫星如果带着“炸药包”，从发射场点火起飞开始，包括在太空中长时间运行，直至返回地面的很多环节，都会有危险。权衡两者风险，前者的风险要小于“炸药包”的风险，孙家栋最后决定，取消“炸药包”方案。

尽管卫星已经在发射场完成了各项测试，操作人员在接到修改方案的通知后，立即制定了拆除“炸药包”的程序。当操作人员小心翼翼地将“炸药包”从卫星上拆除后，孙家栋一颗悬着的心才算落了地。

在 1978 年春召开的全国科学大会上，孙家栋详细介绍了我国返回式卫星的研制经验。东方红一号卫星及返回式遥感卫星荣获 1985 年国家科学技术进步奖[1]特等奖。

①国家科学技术进步奖，是国务院设立的国家科学技术奖 5 大奖项（国家最高科学技术奖、国家自然科学奖、国家技术发明奖、国家科学技术进步奖、国际科学技术合作奖）之一。国家科学技术进步奖主要授予在技术研究、技术开发、技术创新、推广应用先进科学技术成果、促进高新技术产业化，以及在完成重大科学技术工程、计划等过程中作出创造性贡献的中国公民和组织。

返回式遥感卫星贡献大

1949 年新中国成立后，国家组织庞大的国土测绘队伍，开始进行国土测绘工作，直到 20 世纪 80 年代才完成全国 20% 的国土测绘。而遥感卫星投入使用后，仅用不到 5 年的时间，就完成了过去 30 年工作量的 4 倍，并且效果好，精度高。如一幅卫星照片可以覆盖地面面积近 20000 平方公里，一个人只需 3 天便可完成判读、解译；而同样的工作如靠地面实地调查，大约需要30个人、用6年多的时间才能完成。

给发烧的通信卫星“降温”

20 世纪 70 年代初，电视机在北京市民眼中还是稀罕物。1972 年，美国总统尼克松来中国访问，随同的电视记者守候在北京机场、天安门、长城的许多电视摄像点，将尼克松所到之处现场拍摄的影像传送到卫星地球站，再通过距地球 36000 公里赤道上空的通信卫星实时转播给大洋彼岸的美国观众。北京市民觉得不可思议，期盼着中国也能拥有这种技术。

可惜，天上没有中国星

尼克松访华当晚，周恩来陪同尼克松一起回看当天活动的录像。刚看了几个镜头，尼克松对周恩来说，现在美国人民也坐在电视机旁看我们今天的活动。周恩来略为一惊。尼克松指着身边黑格拎着的黑皮箱说，从我踏上中国领土起，我每时每刻的活动便全部由它“记录在案”，然后再通过我们天上的通信卫星，随时传回美国。周恩来十分震惊，事后急忙找来有关人员，对“黑匣子”一事进行了详细询问。有关人员介绍了“黑匣子”和卫星地球站的秘密，最后不无遗憾地说：“可惜，天上没有我们中国的通信卫星。”

1976 年 7 月 15 日，我国卫星通信工程第一次大总体论证工作会议召开，明确了通信卫星发展的原则和方向。

1977 年 9 月，孙家栋被任命为我国试验通信卫星总设计师。在孙家栋的主持下，开始了试验通信卫星[①]的研制工作。

1984 年 1 月 29 日，第一枚长征三号运载火箭载着试验通信卫星飞向太空，由于三级火箭氢氧发动机二次

①通信卫星是作为无线电通信中继站的人造地球卫星。通信卫星通过转发无线电信号，实现卫星通信地球站之间或地球站与航天器之间的无线电通信，可以传输电话、电报、传真、数据和广播、电视等信息。通信卫星是世界上应用最早、最广的卫星类型之一。

启动不正常，未能将卫星送入预定轨道。4月8日，第二枚长征三号运载火箭载着第二颗试验通信卫星再次发射。发射成功的第二天，孙家栋马不停蹄地从西昌卫星发射中心紧急赶往西安卫星测控中心。

4月10日8时47分，卫星进入准地球静止轨道，并进行姿态调整。技术人员发现，卫星上的镉镍电池温度超过设计指标的上限值，并且在继续上升。从遥测数据显示，卫星外壳和其他部分仪器的温度也偏高，如果控制不住卫星温度继续升高，卫星将危在旦夕。

地面技术人员测控几万公里高空发热的卫星，如同医生在治疗远距离发高烧的病人，如果不能及时为病人退烧，就会危及病人的生命。但此时的“病人”并不在医生面前，它远在36000公里高度的赤道上空快速飞行。如果不能及时让卫星退烧，卫星上的蓄电池将会损坏，整个卫星就将失效。

孙家栋果断地做出对卫星进行大角度姿态调整，以改变太阳的照射角，降低太阳能电池阵与蓄电池之间的电压差，减小充电电流，迫使蓄电池停止升温并降温的应急故障处置。

卫星的温度立即得到了控制，但还不能正常工作。孙家栋与技术人员发现，当太阳照射角为90度时，卫星能源系统可以将温度控制在设计指标范围内。孙家栋果断命令对卫星姿态角再调整5度，但此时履行各种审批手续已经来不及了。为慎重起见，尽管孙家栋的指令已在录音设备中录了音，现场的几位操作人员还是临时拿出一张白纸，在上面草草写下“孙家栋要求再调5度”的字样，要求孙家栋签名。孙家栋毅然拿起笔，在上面签了“孙家栋”三个字。这三个字的分量和风险，如同10年前做出“停止发射”决定的情况一样，也需要把个人的一切顾虑抛到脑后。

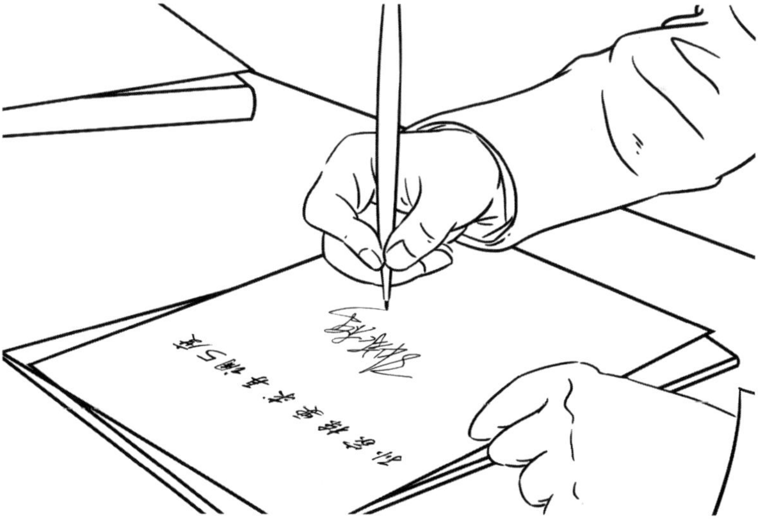

执行了地面发送的指令后，卫星温度停止上升，一点点地回落，蓄电池热失控的问题解体了。1984年

4月16日18时27分57秒，卫星成功定点于东经125度赤道上空，中国人终于依靠自己的技术和能力，拥有了第一颗地球静止轨道通信卫星，孙家栋实现了心与星的同步。

4月18日10时，张爱萍②在北京通过试验通信卫星与远在新疆乌鲁木齐的王恩茂通话，清晰的电话通话声，如同近在咫尺，孙家栋的脸上露出满意的笑容。

②张爱萍（1910年1月9日—2003年7月5日），出生于四川达县，曾任国务院副总理、国务委员兼国防部长、中共中央顾问委员会常务委员、中央军委副秘书长、副总参谋长兼国防科学技术委员会主任，长期从事国防科学技术和国防工业战线的领导工作，是我国国防科技事业的杰出领导者。1955年被授予上将军衔。

走向国际舞台的“争气星”

1989年4月，孙家栋率代表团前往巴西，对两国合作的有关重大问题进行协调磋商。随后，两国技术人员对原有的资源卫星设计方案进行了讨论和修正，初步确定责任分工，项目的合作研制工作随之全面展开。

中巴地球资源卫星[1]是中国首次在空间技术领域进

①地球资源卫星是从太空大范围勘测和研究地球自然资源的一种卫星。利用现代科学技术为卫星装载多光谱遥感设备等探测仪器，获取地面物体辐射或反射的多种波段电磁波信息，然后把这些信息发送给地面接收站，地面接收站根据各种资源的波谱特征，对接收的信息进行处理和判读，得到各类资源的特征、分布和状态资料。

行的全面国际合作，在合作中不可避免地会遇到许多新问题，比如研制经费的困难，巴西承制卫星项目的ESCA公司破产，两国技术人员往来、技术协调、语言障碍等，都使卫星研制进展缓慢，明显影响了当时确定的赶超世界先进水平的步伐。孙家栋及时组织有关人员对出现的问题进行分析，按照技术和行政两条指挥线将困难想透，将问题想细，将解决办法想足，制定出相应的处置措施，使项目在艰难中继续向前推进。

大家普遍认为，这将是一颗为中国航天技术走向国际舞台的“争气星”，这颗“争气星”必须改变以往某些关键部件依靠进口、受制于人的局面。

经过中巴两国科技人员近11年的艰苦努力，1999年10月14日，长征四号乙运载火箭托举着中国和巴西联合研制的第一颗中巴资源一号卫星，在太原卫星发射中心成功升空，将卫星准确送入了预定轨道。

火箭起飞后，发射台上飘散着烧蚀的袅袅余烟，站在发射场坪的孙家栋思绪万千，他想到了11年来科技人员艰辛的日日夜夜，想到了攻克技术难关时所遇到的困惑，想到了与技术没有关系的大量综合协调，孙家栋的脸上露出了多日来难以见到的笑容，这个笑容是长时间紧张、压力和忙碌得到释放后的那种轻松，是一种发自内心由衷喜悦的表露。

至此，由孙家栋担任总师的第二代应用卫星工程圆满完成。中国的应用卫星稳定地在太空运行，造福于人类，可谓中国卫星步步高、群星璀璨逞英豪！

第六章

航天入世

我就不信这个邪

1985 年 10 月 30 日，经中共中央批准，中国空间技术研究院院长孙家栋升任航天工业部副部长，他又一次受命于中国航天发展的关键时刻，他的思维重点开始转向世界，转向国际间的航天科技交流。

同年 10 月，中国政府庄严宣布：中国长征系列运载火箭投放国际市场，承揽对外发射服务。然而，此时的世界航天界接二连三地传来噩耗：

1986 年 1 月 28 日，美国挑战者号航天飞机①升空后爆炸，机上 7 名航天员无一幸免，全部遇难；

①挑战者号航天飞机是美国正式使用的第二架航天飞机。1986 年 1 月 28 日，挑战者号在进行代号 STS-51-L 的第 10 次太空任务时，由于右侧固态火箭助

推器上面的一个o形环失效，在升空后73秒爆炸，机上7名航天员全部遇难。

4月28日，美国大力神34D火箭点火升空几秒后爆炸解体；

5月3日，美国德尔它火箭升空91秒，飞行姿态失去控制，地面控制人员被迫发出炸毁指令，火箭载着卫星如同空中散花一般毁于一旦；

5月30日，法国阿里安火箭喷着烈焰刚刚离开发射台，还没有离开人们的视线就变为一片火海。

一百多天里，接连的发射失败搅乱了国际航天发射市场。重新发射需要生产周期，已经造好等候上天的卫星，由于没有火箭的运送而在地面滞留，欧美的航天发射一时陷入低谷。

在国际发射服务陷入低谷之际，对中国来说却是进入航天国际市场千载难逢的好机会。孙家栋想，中国的火箭完全可以作为国际航天发射的延伸和补充，为亟待上天的卫星提供发射服务。我们一定要抓住这一有利时机，这是中国航天的一次创业，成功的意义重大。但是，万一失利，影响也更大，甚至负面影响大于成功的意义。所以，要想尽一切办法确保成功。可谁又敢保证一定能将卫星发射任务承揽到手，谁又能保证发射一定成功呢！

下这样的决心显然是要承担很大风险的。为了国家利益，孙家栋再一次站了出来："我们要敢于承担风险，敢于承担责任，敢于下这个决心。只要你的东西比别人的好，你的条件比别人优越，在同等情况下你的价钱又比别人的便宜，应该没有理由出现这个问题。事在人为，我就不信这个邪。"

1986 年 11 月 27 日至 12 月 1 日，第一次外国卫星发射任务工作会议在北京召开，国防部长张爱萍在会上讲话："给国外发射卫星，是我们中国进入国际市场的一次重大试验，更应该把我们成功经验和光荣传统更好地运用和发展。这是我们祖国的荣誉，更是我们中华民族的荣誉！"

孙家栋同200多位参加会议的人员，被张爱萍老将军的爱国情怀所感动，一股崇敬之情油然升起。

航天"生意人"

1988年9月，就美国政府是否同意发放把卫星运到中国发射的许可证问题，孙家栋又一次受命于关键时刻，毅然挑起中国航天国际合作谈判的重任，在国家改革开放的重要关头，充当起航天"生意人"的角色。

9月9日，美国总统里根签署了批准美国制造的卫星由中国火箭发射的文件，文件中附带了三个限制条件：技术安全得到保障；双方对发射事故责任达成协议；中方发射的次数和价格要取得美方同意。

孙家栋单刀直入地陈述了中国政府的原则和立场：中国在承揽外国卫星发射服务中，从来就没有任何想获取技术和秘密的谋求；中国属于发展中国家，运载火箭的制造能力和发射服务能力都有限，不可能对美国及欧洲的发射服务商构成威胁，对卫星用户来讲只是多了一种选择；说中国的发射服务价格低廉，怀疑是价格倾销和政府补贴，这是不存在的；中国宣告进入国际航天发射市场，就有能力满足用户的各项要求。

孙家栋在谈判中，对每句话、每个动作以及阐述每个重点问题的声调，都拿捏得极有分寸，哪怕是非常细小的环节，他都丝毫不马虎。只要想好、看准、分析透的问题，他定会作为主线贯彻始终，直至达到谈判目的。

美国代表团团长、助理国务卿迈考里斯特就中国卫星发射细节提出质询：发射场在何处，每年发射多少颗卫星，每颗卫星的发射价格……

当孙家栋报出发射价格时，迈考里斯特以强硬的口气指出："美国认为中国的卫星发射不属于正常的市场价格，是在政府补贴下的市场倾销。"

孙家栋的回答柔中有刚："在卫星发射价格这个问题上，中国和美国是一样的，中国坚持奉行市场经济政策，如果说中国在发展航天方面有政府补贴的话，那么美国的卫星发射场由国家投资建设，难道就不是政府补贴吗？要说中国的发射价格为什么比美国的低，那便是中国的劳动力比美国便宜的多。"

谈到卫星进入中国后的技术安全保障时，谈判再次陷入僵局。美国要求中国不仅要在技术措施方面保证卫星机密不被窃取，还要求中方承诺卫星在进入中国海关后免除检查。显然这方面的问题已经不是航天范畴的问题，涉及到了国家海关主权原则。孙家栋脑筋急转弯，想到了美国卫星在中国测试发射后便进入太空轨道，这种“入关”实际上只是“过境”。他们立即把对美国卫星“过境”的定义报到了外交部和国家海关总署，很快得到了批准，使中国进入国际航天市场的计划得以进行。

孙家栋对与美国合作发射卫星的谈判感触颇深，国际航天合作的谈判实质上是两国综合国力的较量，国家的实力增强了，与对方谈判的分量自然就加重了。孙家栋深信，自己的背后有强大的祖国在支持，自己所代表的是国家和人民的利益，有12亿中国人民在给中国航天作后盾，这场战役必胜无疑。

中国火箭发外星

1990 年 4 月 7 日傍晚，夜幕降临，振奋人心的时刻来临了！

时间指向 21 时，地处四川大凉山深处的西昌卫星发射中心①成为全世界航天界关注的焦点，因为这里将

①西昌卫星发射中心，位于四川省凉山彝族自治州冕宁县，地理位置为东经 102 度、北纬 28 度，是中国专门用于发射高轨道航天器的发射场。中国的通信卫星、北斗导航卫星、月球探测卫星以及美国、欧洲制造的通信卫星等，都是从这里发射进入太空的。截至 2020 年年底，中国长征系列运载火箭共完成 357 次发射，其中 151 次发射是在这里完成的。

要使用中国的运载火箭发射从地球另一端远道而来的人造卫星。发射场在四周的灯光照耀下显得格外明亮，环抱着火箭的发射塔架活动平台缓缓开启，巍峨的火箭渐渐出现在人们的视野里。以前的长征火箭顶部整流罩上只喷涂着五星红旗，而眼前这枚火箭的顶部首次出现了两面国旗，一边是鲜红的五星红旗，另一边则是美利坚合众国的星条旗。此时，全世界都在关注着这次发射，成败与否影响重大。

1990 年 4 月 7 日 21 时 51 分，长征三号运载火箭将亚洲一号通信卫星[2]成功送入预定轨道。

②亚洲一号通信卫星是美国休斯公司制造的静止轨道通信卫星。卫星直径 2.2 米，高 6.5 米，重 1.25 吨，设计运行寿命 10 年，由美国大型专用运输飞机送至西昌青山机场，再用专用公路运输车运至发射场，由长征三号运载火箭发射入轨，用户为香港亚洲通信卫星公司。

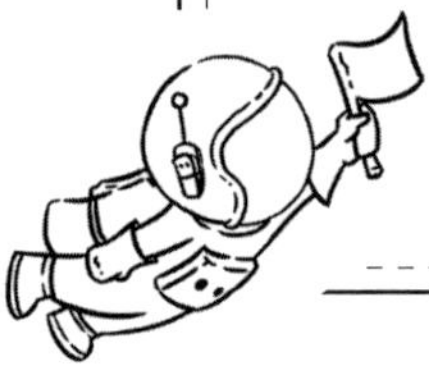

1990 年 7 月 16 日，长征二号 E 捆绑式运载火箭发射澳星模拟星，并搭载了巴基斯坦一颗科学试验卫星，将两颗卫星准确送入预定轨道。

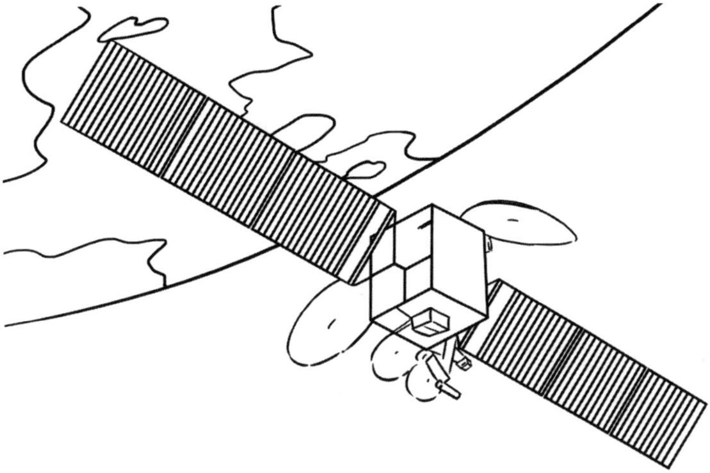

1992年8月14日，长征二号E捆绑式运载火箭将美国为澳大利亚制造的通信卫星准确送入预定轨道。

从1994年至1999年，亚太一号、澳大利亚B3、亚洲二号、艾科斯达一号、亚太一号A、马部海、亚太二号R、中卫一号、鑫诺一号通信卫星接连发射上天，长征火箭又以“一箭双星”的方式，将美国制造的12颗“铱系统”卫星送入太空预定轨道。

孙家栋说：“第一颗外星发射上天以后，我们不仅实现了发射成功，而且他要求把卫星送到哪一个点上，我们就给它送到了哪个点上，国外用户说中国火箭发射卫星的精度是非常高的，非常佩服。从那以后，他们连续和我们签了几个合同，都用中国的火箭发射。”

从1997年至1999年年初，中国接待了数百个外国宇航代表团，数以千计的外宾和港澳台地区的嘉宾参观了我国航天设施及西昌、酒泉和太原卫星发射中心③，我国同法国、德国、美国、巴西、日本、巴基斯坦、泰国、印度、英国、加拿大、俄罗斯、欧空局等以及有关的国际空间组织进行了广泛的技术交流和合作，并同上述国家和国际组织签订了有关空间技术合作协议，中国航天的国际合作朝着稳定、良好的方向发展。

③太原卫星发射中心，位于山西省忻州市岢岚县神堂坪乡的高原地区，地处温带，海拔1500米左右，是中国试验卫星、应用卫星发射试验基地之一，先后成功发射了中国第一颗太阳同步轨道气象卫星“风云一号”、第一颗中巴资源一号卫星、第一颗海洋资源勘察卫星等，创造了中国卫星发射史上的9个第一。

再也不是“瘸子”走路

自1999年下半年起，由于受几次发射失利和国际政治因素的影响，中国航天在国际航天发射市场面临不公平竞争，多个已签署的卫星发射合同被迫中止。

2001年3月19日至20日，中美两国政府在北京进行了新一轮会谈，中国国家航天局特别顾问孙家栋任中国代表团团长，与史蒂夫·福肯先生任团长的美国代表团进行了磋商。经过不懈努力，多年后中国恢复了新的外国卫星发射业务。

2005年4月12日，长征三号乙运载火箭成功地将法国阿尔卡特公司制造的亚太六号通信卫星送入太空。

2007年5月14日，长征三号乙运载火箭成功地将尼日利亚通信卫星一号送入太空。发射的前一天，孙家栋刚刚从西昌卫星发射中心回到北京，此时的西昌卫星发射中心异常繁忙，等待上天的卫星几乎是排着队发射，孙家栋也随着发射日程表而奔波。尼日利亚通信卫星一号的成功发射，使日夜操劳的孙家栋显得尤其兴奋，因为这颗卫星的成功发射，对于中国对外发射业务具有里程碑意义。

早在1985年，中国政府宣布中国长征系列运载火箭投放国际市场初始，张爱萍将军说过这样的话：“目前，中国的航天工业还是‘瘸子’走路，那就是火箭的腿长、卫星的腿短。我们一定要加快自己卫星发展的步伐，等到我们的卫星技术水平赶上了国际水平的那一天，我们也就不用再要别的国家给我们发什么许可证了，那时候，我们就可以扬眉吐气地用我们自己的火箭为国外发射我们自己制造的卫星了！”

而今天，这一理想终于变成了现实。中国空间技术研究院研制的尼日利亚通信卫星一号，是中国第一次向外国提供卫星、火箭的整星商业航天服务，这次成功不仅促进了中国商业发射服务市场的拓展，同时也是中国和平利用外层空间、实现造福于人类一贯宗旨的具体体现。

2007年6月1日，孙家栋又一次来到西昌，他在西昌卫星发射中心参加了长征系列运载火箭第100次发射后，又迎来了第101次发射。每次发射都惊心动魄，每次飞行都经受着历史的考验，孙家栋对每次卫星发射的成败充满牵挂，成功之后，内心又感到无比自豪。

至2019年，我国共进行了48次国际商业卫星发射，为29个国家和地区发射了56颗国际商业卫星，其中完成10次通信卫星在轨交付和3次遥感卫星在轨交付；另外为国际客户提供了18次搭载[①]发射（包括一次遥感小卫星在轨交付），发射了23颗国际载荷。

①航天搭载主要是利用航天器的剩余空间进行装载试验物品，并利用它在太空中的微重力、交变磁场、强辐射、高真空等独有的特殊环境进行科学试验，达到试验目的，提升物品价值，造福产品拥有单位和社会大众。搭载物涉及科学仪器和设备、植物种子、微生物菌种、高性能材料等。

第七章

“嫦娥”奔月

开启深空探测路

早在1994年，中国有关部门就组织相关专家对开展月球探测的必要性和可行性进行了初步分析与论证，由于受国家航天技术条件的限制，导致月球探测方案无法最终完善，探月计划也无法启动。

1995年，中国科学院地球化学所、空间科学应用中心和中国空间技术研究院的欧阳自远、叶自立、陈康文、褚桂柏、林文祝等专家经过一年的研究，编制出了一个较完整的月球探测可行性报告。当报告呈送给孙家栋后，孙家栋感到中国开展月球探测的时机来了。

2000年，国防科工委副主任、国家航天局局长栾恩杰频繁地找孙家栋，他非常了解孙家栋这位总体大师的高超谋略、敏捷思维、丰富经验，以及对中国航天的钟情和在航天界的影响力。“孙老总啊，若能由你挑头主抓技术实施方案，肯定能开好中国探月工程的头。”

“老栾啊，你可真是太抬举我了，这本来就是我应该做的事情嘛。”

“太好了，孙老总，我跟你的想法不谋而合呀。”栾恩杰说完，兴奋地直拍手，“孙老总，我还想给你推荐一个对月球情有独钟的欧阳自远，他是中国科学院地球化学研究所的研究员，现在还担任中国科学院国家天文台高级顾问，是一位几十年来对月球资源应用有着极大兴趣的中国科学院院士，更是一位很好的合作伙伴，他也是一位很有情怀、很有激情的人。”

“好，在咱们的有生之年再努一把力，争取能为中国航天事业多做点事情。”

他们立即把中国科学院院士欧阳自远找来，一起切磋谋划探月工程的事情。

中国的探月工程就这样拉开帷幕。

2000 年 11 月 22 日，中国政府首次公布了《中国的航天》白皮书①。

①白皮书是一个国家以政府的名义，以白色封面正式发表的重要文件或报告书，是一种正式的官方文件。白皮书代表政府立场，内容立场明确、事

实清楚、行文规范、文字简练，没有文学色彩。

白皮书已经成为国际上公认的正式官方文书。各国以自己的习惯确定文件的颜色，封面用白色的就是白皮书，采用蓝色的就叫蓝皮书，采用绿色的就叫绿皮书。

白皮书在论述中国航天未来发展目标时明确指出，中国将“开展以月球探测为主的深空探测预先研究”，由此向世界宣告了中国向深空探测的进军令。

2003 年 9 月，国防科工委向中央专委专题汇报了我国月球探测工程的具体思路。2004 年 1 月 23 日，国务院正式批准绕月探测工程立项，将中国月球探测工程命名为“嫦娥工程”，由此，绕月探测工程正式启动。

74岁担纲探月总师

月球探测工程是中国第一次对地球以外的星体进行探测研究，它的实施不仅可以填补中国对月球及行星探测方面的空白，而且是促进中国航天与国际接轨，缩短与世界航天强国距离的一个实质性举措。

中国的探月工程，比美国和俄罗斯晚了40多年，在实施战略上如何不落伍，如何突出中国航天特色，是要重点考虑的前提。中国探月工程的战略路线，按照“绕”“落”“回”三步走的原则实施。

一期工程为“绕”。计划2007年发射探月卫星，卫星进入近月轨道后围绕月球飞行，卫星对月球遥测并将测量数据传回地球。

二期工程为“落”。计划2012年前后发射一颗带有月球软着陆器的月球探测器，同时携带一辆月球车，实施首次月球软着陆和月面自动巡视勘测。

三期工程为“回”。计划2017年前后发射一颗带有月球软着陆器和返回器的月球探测器，进行首次月球样品自动取样并安全返回地球，在地球上对取样进行分析研究。

2003年1月，孙家栋被任命为探月工程筹备阶段的总设计师。对于工程的科学目标，他坚持一条原则，即探月工程虽然起步晚，但起点要高，要优选探测目标，优化技术实施路径，做一些别人尚未做过的事，形成自己的特色。

以往我国发射的航天器，全部是在地球引力场作用下环绕地球运动。要实现探月，则必须使航天器飞出地球引力场，进入到38万公里远的月球引力场。由于月球与地球、太阳的运动关系，发射探月卫星必须考虑一个复杂的三体定位问题，这与发射一般的地球卫星有很大的不同。孙家栋反复思考着这样的问题：卫星在地球上发射的那一刻，月球在太空的什么位置？地球与月球都在不停地公转和自转，地球在什么季节与月球的距离最近？何时发射最有利于测量和控制？

多年来，孙家栋养成了一个习惯，就是脑子里只要装着问题，便茶无味、饭不香，甚至终日沉默寡言，苦思冥想。

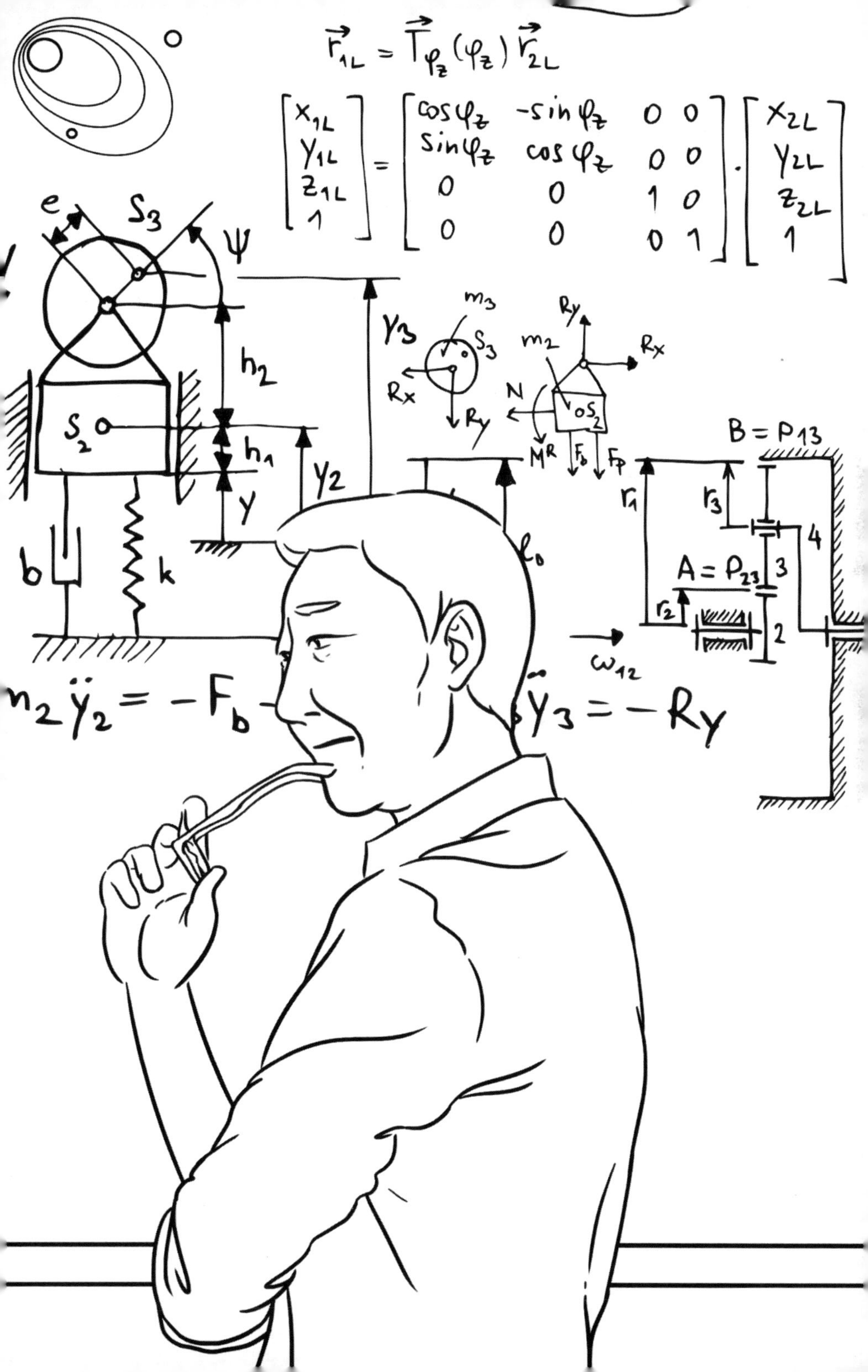

r1L = Tφz(φz) r2L
x1L y1L z1L 1 = cosφz -sinφz 0 0 sinφz cosφz 0 0 0 0 1 0 0 0 0 1 · x2L y2L z2L 1
e
S3
Ψ
h2
S2
h1
y
y2
y3
b
k
m3
S3
Rx
Ry
m2
Ry
Rx
N
S2
MR
Fb
Fp
B = P13
r1
r3
4
A = P23
3
r2
2
l0
ω12
n2ÿ2 = -Fb
ÿ3 = -Ry

一天半夜，孙家栋的老伴儿一觉醒来，发现老头没在床上，细听旁边的书房和卫生间里也没有一丝动静，吓得她大喊。阳台上传来孙家栋沉稳的声音：“你睡你的觉，别大惊小怪的，我在阳台上呢。”原来，睡醒一觉的孙家栋看着从窗帘缝隙透过的那一缕月光，脑子里浮现出白天牵挂的问题，睡意全无，他蹑手蹑脚地来到阳台，盯着月亮在天上慢慢地移动，心里默默琢磨工程总体的一些技术方案，一站就是几个小时，折腾得老伴儿也睡不踏实，只能回屋拿来一件外衣，披在孙家栋的身上，再顺手拖过一把椅子，说：“你慢慢看吧，看够了，赶快回屋睡觉去。”老伴儿明白，这是孙家栋的习惯，只要心里装着重要的事情，总会黑白颠倒地折腾好几天，直到把问题想清楚、整明白。

时间一天天飞逝，探月工程五大系统的研制工作按计划稳步推进。

绕月技术难度高

探月工程由探月卫星、运载火箭、发射场、测控通信和地面应用五大系统组成。五大系统既要有高度统一的协调配合，又得按照总体计划，保质保量地完成各自的研制任务。

按照发射程序，卫星首先由运载火箭送入地球大椭圆轨道，与运载火箭分离后，卫星利用自身推进系统经过三次调相、加速，进入地月转移轨道。在地月转移轨道飞行期间，卫星需要进行多次轨道机动，以确保能够准确地被月球引力捕获。

卫星姿态控制的三矢量控制问题也是难点之一。环月飞行期间，卫星上的各种探测器要保持对准月面；卫星发射和接收天线要保持对地定向；卫星的太阳能电池帆板要保持对日定向。

卫星环境适应性设计也是一个崭新的课题，地月空间的强辐照环境会对电子器件产生很大影响，月球在背日面、对日面条件下的温度会在零下170度到130度之间变化，所以对探测器的温控要求更高。

远距离测控[①]与通信问题更是以往我国航天活动所没有经历的。之前我国卫星到达的距地面最远的距离约有7万公里，而月球距地球大约38万公里，这给测控系统的传输能力带来了新的挑战。此外，卫星在飞向月球的漫漫征途上，必须要对其实施多次姿态调整，而姿态调整的前提，是必须对卫星准确测量、准确定位，为地面提供精确的数据。由于我国本土从东到西只有5000公里，尚未建成全球深空测控网，所以卫星如果飞出中国国土的观测区便会“丢失”。

①航天测量控制系统是对飞行中的航天器（运载火箭、人造地球卫星、宇宙飞船和其他空间飞行器）进行跟踪、测量和控制的大型电子系统。航天测控系统通常由跟踪测量系统，遥测系统，遥控系统，计算系统，时间统一系统，显示记录系统，通信、数据传输系统组成。

在这些环节里，如何将探测数据传回地面，是探月工程的技术难题。通俗地讲，工程的三大目标就是“到得了”“转得起”“传得到”。

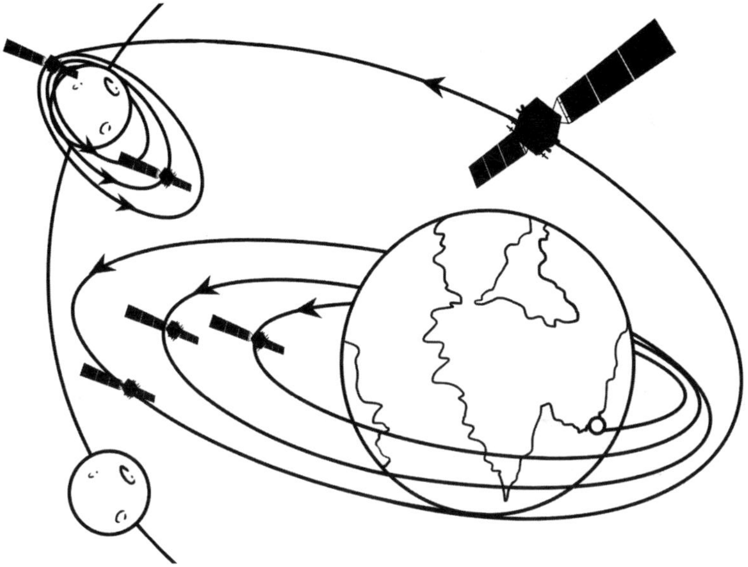

探月工程应用系统首席科学家欧阳自远发自内心地说：“孙先生是一个善于把复杂问题简单化的‘高手’。我总是从科学目标的角度提出各种技术要求，希望我们的卫星性能高一点、再高一点，但孙先生考虑更多的是如何实现‘绕’的大目标。孙先生常说，‘我是一个工程师，我的工作就是先要实现科学家的基本要求，然后再进一步拓展’。他善于抓住最主要的问题，并且敢于决断。比如‘嫦娥一号’什么情况下发射，孙先生认为，安全就发，不安全就不能发，其他因素都不必考虑。因为不安全，什么目标都达不到。”

“嫦娥一号”赴月宫

2007 年，是嫦娥一号探月卫星[1]发射升空的关键性一年，这一年也是孙家栋最为繁忙的一年。为了探月

①嫦娥一号探月卫星是我国首颗绕月卫星，以中国古代神话人物“嫦娥”命名，由中国空间技术研究院负责研制。卫星总重量约为 2350 千克，尺寸 2000 毫米 ×1720 毫米 ×2200 毫米，帆板展开长度 18 米，计划寿命 1 年。卫星的主要探测目标是：获取月球表面的三维立体影像；分析月球表面有用元素的含量和物质类型的分布特点；探测月壤厚度与特性；探测地球至月球的空间环境。2007 年 10 月 24 日 18 时 05 分，嫦娥一号卫星在西昌卫星发射中心发射升空。2009 年 3 月 1 日完成使命，受控撞向月球指定地点。

工程能够按计划顺利实施，大量的事情需要协调落实，他经常马不停蹄地从一个城市飞往另一个城市，有时一周内竟然能去三四个城市。在卫星发射前夕，孙家栋更是忙得不亦乐乎，两周内他几乎不停息地穿梭于北京和四川、山西之间；这一年，孙家栋 10 次进入发射场，在发射现场指导了 5 次卫星发射任务，主持及参加了近百个与航天有关的会议，空中飞人似地从北京飞到全国 20 多个地方。从 9 月初嫦娥一号卫星进入发射准备状态开始，一直到 11 月 26 日卫星出图的近百天时间里，孙家栋全身心地投入到了探月工程的实施中。卫星发射成功后的一个月里，孙家栋人在北京，心系“嫦娥”，天天坐镇北京航天飞行控制中心②，时刻关注着卫星每个的动作。

孙家栋的老伴儿心疼地说：“他总是天天跑，穿皮

②北京航天飞行控制中心成立于1996年3月，既是中国载人航天工程任务的指挥调度、飞行控制、分析计算、数据处理和信息交换中心，也是中国探月工程的飞行控制中心，还承担着我国卫星发射的指挥保障任务，是我国对外测控服务的一个窗口。

鞋太累，我每年光布鞋就给他买四五双，他都能穿出洞来，你说他费不费。”一年几双布鞋所踏出来的是中国航天的拼搏道路，是一位科学家脚踏实地为中国航天奋斗的砥砺前行。

2007 年 10 月 24 日，嫦娥一号探月卫星准备发射。

“一小时准备！”

“5 分钟准备！”

“1 分钟准备！”

18 时 05 分 04 秒，发射调度指挥员下达了“点火”口令，长征三号甲运载火箭喷射出巨大的烈焰，在震耳欲聋的轰鸣声中腾空而起，直刺苍穹，嫦娥一号探月卫星开始了奔月征程。

18 时 29 分，北京航天飞行控制中心传来“星箭分离”“卫星入轨”的喜讯，火箭准确地将嫦娥一号卫星成功送入近地点 205 公里、远地点 50900 公里、轨道倾角 31 度的超地球同步轨道。

孙家栋与大家一起激动地起立鼓掌，他眼睛紧盯着大屏幕，心却随着卫星奔向了月球。

第二天清晨，孙家栋立即乘坐专用飞机从西昌赶回北京。在这之后的一个多月时间里，他每天早出晚归，待在北京航天飞行控制中心，遇到卫星运行的关键节点，他常常昼夜守候在航天城，时刻凝望着卫星运行的数据图，他的大脑紧随卫星的运行轨迹而运转，他的心随着显示屏上卫星前进的数据而跳动。

10月31日17时28分，嫦娥一号卫星按预定的时间、位置、速度，成功进入地月转移轨道，标志着千百年来鹊桥相会的传说成为现实，中国成为继美国、苏联/俄罗斯、欧洲和日本之后第五个进行月球探测的国家。

走到角落抹眼泪

2007 年 11 月 26 日 9 时 41 分，国家正式公布了嫦娥一号卫星传回并制作完成的第一幅月面图。温家宝总理为第一幅月面图揭幕并发表重要讲话。发布仪式前，温家宝等领导接见了有关人员，温家宝总理来到孙家栋面前，握着他的手亲切地说：“家栋，你是身经百战啊，你辛苦了！”

12月12日上午，人民大会堂内乐曲欢快、灯火辉煌，中共中央、国务院、中央军委举行隆重庆祝我国首次月球探测工程圆满成功大会。参与绕月探测工程的各系统代表以及首都各界代表共 5000 多人参加了庆祝大会。

庆祝大会前，中央领导接见了探月工程突出贡献者和突出贡献单位代表。胡锦涛总书记走到孙家栋面前表示祝贺与慰问，他握着孙家栋的手亲切地说：“谢谢你！谢谢你作出的贡献！”

38年前，孙家栋在人民大会堂两次向周恩来总理汇报中国第一颗人造地球卫星研制、发射准备情况；30年前，孙家栋在人民大会堂参加全国科学大会时，聆听了邓小平充满号召性的讲话，他还在那个大会上作了题为《关于人造卫星的成就及展望》的专题发言；8年前，孙家栋在人民大会堂被授予“两弹一星”功勋奖章，江泽民总书记亲自把奖章挂到了他的脖子上；今天，还是在这里，中共中央总书记胡锦涛、国务院总理温家宝与他亲切握手，向他致谢。

此时，孙家栋端坐在主席台下的第一排，他身披鲜红色加黄边的有功人物绶带，与共和国最高领导人面对面坐在一起，一拨又一拨摄影记者不停地在他们面前摄影、拍照，闪光灯在他们面前频频闪烁，他是今天当之无愧的真正明星。平常总保持低调不愿意出头露面的孙家栋，今天坐在庄严的人民大会堂里，是那样的开怀、那样的自豪，他的笑容是那么的灿烂。

在嫦娥一号卫星顺利完成月球环绕的那一刻，全国电视观众在电视屏幕上看到了一个被摄影师抢拍到的镜头：当北京航天飞行控制中心的扬声器里传出嫦娥一号卫星绕月成功的消息时，大家全部从座位上站立起来，欢呼跳跃，握手拥抱，而孙家栋却走到一个僻静的角落，掏出手绢偷偷抹泪。一位年近80岁的老人，一位为中国航天事业奋斗了几乎一生的科学家，在人们喜悦之时，却躲在僻静处偷偷抹泪，这是多么令人感动啊！

孙家栋从不大喜大悲，不到极致是不会轻易落泪的。这是喜悦的泪水，也是经过艰难拼搏获得成果时激动的泪水。孙家栋在航天发射试验中遇到过许许多多艰难险阻，身边的人未曾见他掉过眼泪，此时可谓是苦与甜交加的激动泪水，足以说明中国探月工程的艰难。

“连假设都‘绝对不敢’”

嫦娥一号月球探测任务获得圆满成功后，记者采访了探月工程总设计师孙家栋。

在完成了预先设定的对地球、月球、航天有关问题的提问后，记者突然像脑筋急转弯似的话锋一转，向孙家栋提出了一个新问题。

记者问：“孙总，假设我们实现了载人登月，航天员又可以把一件属于您自己的东西带到月球上作为永久纪念，您将会带什么上去？”

记者为自己高明的提问而得意，提完这一问题后，他的脑子飞速闪现出孙家栋可能回复的各种猜想：一张有收藏价值的家人照片？一张早年有意义的设计草图？一枚令孙总自豪的大学时代的奖章？一片叶子，一粒种子？

结果，孙家栋的答案完全出乎记者的预料。

孙家栋说：“我是这样看的，假设将来中国真正实现了载人登月，带上月球的每一克载荷都是非常宝贵的，我相信我不会带我自己所希望的东西，肯定要根据我们国家整个事业要求，来带更重要的东西。你可以看一看我们的嫦娥一号卫星，她本身的重量是2350千克，所携带的推进剂就占到了1200千克。而要把这颗卫星送到月球，代价相当大。你可以想一想，载人登月每一克载荷的价值是多少。我们绝对会精打细算，让每一克都用得非常有意义。你问我自己想带什么上去，这个我真的没有想过，也绝对不敢设想。”

孙家栋多年养成了以低调应对宣传自己的习惯，无论是说话，还是办事，都像解决工程问题一样严谨认真。谈技术是这样，谈生活也是如此，就连轻松地开玩笑，也保持着严密的逻辑。记者被孙家栋此时的回答深深感动，对眼前这位航天工程总师有了新的认识。孙家栋脑子里装的全部是工程总体，全部是国家的总体利益，根本就没有想过自己的得失，连假设都“绝对不敢”。然而，记者还是不甘心，指着孙家栋面前的月球仪①，话

①月球仪是绘有赤道、经线、纬线等月面坐标，以及各主要环形山、山系、辐射纹、月海等月面特征的

月球模型。自 1610 年意大利天文学家伽利略用望远镜观测月球以来，逐步发现了月球上的种种特征，月球上开始出现了人名、地名。根据国际统一命名和图表，制成了月球仪。

题一转，对孙家栋说：“既然您说上月球的每一克载荷都很宝贵，不能随便带，那您希望以自己的名字命名上面的某个地形吗？这总归不占分量吧？”因为那个月球仪上标有许多以科学家或者发现者名字命名的环形山。

孙家栋朴实地笑笑：“不敢想，从来没想过。不过自从参与探月工程以来，现在每天晚上抬头看月亮，那感觉好像与从前有点不一样了。”这番轻松的话语，饱含了孙家栋对探月工程取得成功的喜悦以及对航天的执着和热爱。记者此时也突然悟到“无私”两字对一位航天科学家的真正含义。

2020 年 11 月 24 日凌晨，长征五号运载火箭携带着嫦娥五号月球探测器在文昌发射场离开地球，踏上奔月的征程，孙家栋心里难以割舍中国探月工程的最后一搏。这次任务极其艰巨，操作人员对地球 38 万公里外的探月轨道器进行控制并使其落到月面，在月球表面完成月壤采集，离开月球进入环月轨道，最后在月球轨道实施对接后返回地球。

2020 年 12 月 17 号 1 时 59 分，“嫦娥五号”返回器携带着月球物品返回地球，成功降落在内蒙古四子王旗预定位置。当返回器平稳落地的那一刻，孙家栋内心的欣喜难以抑制，因为他更清楚这之中的技术难度与艰辛。

2021 年 2 月 22 日上午，党和国家领导人习近平、李克强等在北京人民大会堂会见探月工程嫦娥五号任务参研参试人员，习近平同孙家栋、栾恩杰等亲切交流，并同大家合影留念。习总书记强调指出，“嫦娥五号”任务圆满成功，标志着探月工程“绕、落、回”三步走规划圆满收官。

第八章

“北斗”高悬

紧锣密鼓布“北斗”

自人类有文明开始，就有关于北斗星[①]的记载。在中国悠久文明的历史长河中，年复一年、日复一日地广为传颂着北斗星的美丽故事。

北斗星为人类定位导航是人们几千年来不懈观测探索的结果，而利用现代科学技术发明创造的人造天体定

①北斗星由七颗亮星组成，形似斗勺，易于辨认，它类似勺头的两颗星直指北极星，被称为“指极星”。北极星能够在黑夜给人们指点迷津、帮助人们辨别方向。先祖们根据离地球最近最亮的北极星与北斗七星斗转星移旋转变化的关系，不仅认识了地球自转的方向，而且认识了春夏秋冬四季交替的规律。

位导航则给人类带来了新的文明。早在 19 世纪后半叶，人们就曾提出利用人造天体实现定位导航的设想，而真正实现这一设想是 1964 年美国建成的子午仪卫星导航系统[②]。

②卫星导航是指采用导航卫星对地面、海洋、空中和空间用户进行导航定位的技术。卫星导航系统由导航卫星、地面台站和用户定位设备三个部分组成。目前，由中国北斗卫星导航系统（BDS）、美国全球定位系统（GPS）、俄罗斯格洛纳斯卫星导航系统（GLONASS）、欧洲伽利略卫星导航系统（GALILEO）形成全球已经开通使用的四大卫星定位系统。

1983 年，著名电子学家陈芳允提出利用两颗卫星初步解决地面定位的“双星定位”理论，使我国迈出卫星导航自主研发第一步。

1994 年 12 月，孙家栋被任命为北斗导航试验卫星工程总设计师。2004 年 5 月，孙家栋被任命为北斗第二代导航卫星工程总设计师。

孙家栋指出：“全球卫星导航系统已成为经济社会不可或缺的空间信息基础设施，它将惠及人类生活和经济发展。”战略上宏伟、超前，战术上细致、缜密，使孙家栋从北斗工程一开始，就紧紧盯住卫星网络和用户终端同步协调与相互促进。在孙家栋的具体组织下，中国只用了短短5年多时间，就将16颗卫星全部布置在太空预定轨道。仅在2012年，就连续实施了4次发射，并首次采用一箭双星的发射方式，将第十二颗和第十三颗北斗导航应用卫星同时发射到预定轨道，正式开通了亚太地区的区域性运营。

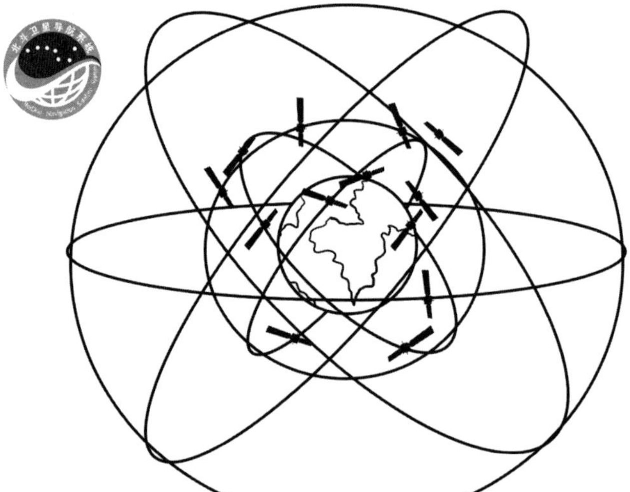

点火变轨救卫星

点滴成绩都来之不易，每一次重大节点跨越的历程都有无数的艰难，每一次成功的背后都会出现难以预料的险阻，这不仅是对所有研制、试验人员的考验，更是增添了孙家栋这位总设计师肩上的重担和责任。

2007 年 2 月 3 日子夜，孙家栋肩上的北斗重担已悄然将他身体的睡眠生物钟调整为兴奋状态。从矗立在发射台上的长征三号甲运载火箭及其顶端的第四颗北斗导航试验卫星，到太平洋上的远望号测量船，全部进入了发射前的紧张状态。零时 28 分，长征三号甲运载火箭托举着第四颗北斗导航试验卫星起飞。约 24 分钟后，星箭分离，卫星准确进入预定轨道。

还没来得及喜悦，西安卫星测控中心的技术人员发现，星箭分离 45 分钟后，地面突然失去了这颗星的所有信息，卫星出现了短路故障，太阳能电池帆板未能指向太阳，导致系统处于掉电状态。此时卫星所处的太空环境温度约为零下 100 度，没有电能，卫星内部的加热设备便不能正常工作，维持不了必要的环境温度，卫星极有可能被冻坏。

孙家栋的大脑神经一下子紧张起来，他立即召集科研人员分析研究，按照讨论意见，着手地面模拟试验。

科研人员通过计算推断，按卫星目前的巡航状态，约 15 天后能使已经展开的太阳能电池帆板具有一定的太阳光入射角。卫星若能利用这点太阳光入射角获得一定的能量，地面就有可能接收到卫星发来的遥测数据。

人们在焦急的等待中。奇迹发生了！远望号测量船率先接收到从卫星传来的遥测信号，接着有关测控站也相继收到了卫星的遥测数据，与人们捉迷藏似地消失了 14 天的卫星，重新回到科研人员的掌控中。此时正是中国传统节日春节前的除夕，孙家栋率领科研人员顾不得与家人团聚，根据卫星遥测数据，很快制定出卫星抢救实施方案。西安卫星测控中心严密监测并及时提供技术数据，卫星科研人员立即进行地面模拟验证和状态复查，很快发现此时卫星所处轨道每天都在下降，他们立即将这一情况向总设计师孙家栋作了汇报。孙家栋果断决定，提前对卫星实施点火变轨！

接到点火变轨命令后，西安卫星测控中心向卫星发出了发动机点火指令，卫星接收指令正确，准确完成变轨，成功进入新轨道，避免了坠入大气层的危险。

4 月 11 日，第四颗北斗导航试验卫星故障被排除，卫星运行姿态良好，星上仪器工作正常，转入在轨长期管理。中国航天人又一次创造了奇迹！孙家栋疲惫的脸上，又一次露出了欣慰的笑容。

雷电间隙巧发射

孙家栋自担任中国北斗导航卫星工程总设计师以来，在西昌卫星发射现场组织指挥了 14 次北斗卫星发射任务，每次发射至少要亲临发射现场两次。在此期间，他的老毛病腰肌劳损经常发作，剧烈的疼痛常常使他步履艰难；疲劳至极时，大脑供血不足使他头晕目眩……他常常拔掉正在输液的针头，从医院急忙赶往飞机场，飞向发射场，前往西昌卫星发射中心指挥决策通信卫星、气象卫星、北斗导航卫星、探月卫星等数十颗卫星的发射，就像空中飞人似地在空中飞行超过 100 次。

2011 年 7 月 27 日，中国第九颗北斗导航卫星按计划执行发射任务。凌晨 4 时，距离预定发射时间不足两小时，火箭进入了不可逆转的倒计时程序。此时发射场漆黑的夜空乌云低沉，伴随着闪电袭来的滚滚雷声相继炸响在发射场上空，滂沱大雨从黑压压的空中向发射场倾泻。

怎么办？！

倒计时！

发射窗口！

不可逆！

孙家栋坐镇西昌卫星发射中心，面对航天发射的技术状态与千变万化的气象条件，这既是一种历史的考验，又是一项现实的重任。千斤重担沉甸甸地压在发射指挥大厅各位指挥决策者的肩上，更是压在发射中心主任李尚福的肩上。

此时，气象部门传来发射场上空的实时云图，训练有素的气象专业人员向李尚福汇报，根据雷电云层的变化趋势和移动速度，两大云团大约在5时到6时间会在发射场上空产生一个缝隙。

如何决策？如果不抓住这次机会，由于火箭发射不可逆，这枚火箭将会报废；如果决定发射，万一遭遇不幸，将星箭俱损、满盘皆输，决策者也将承担相应的责任。李尚福内心十分清楚，但个人得失与国家利益相比，李尚福心中的天平倾向了后者。凭借着在西昌卫星发射中心工作30年、参加指挥70次发射任务的经验和科学的判断，李尚福的心中有了数。他把眼神投向工程总设计师孙家栋，两人眼神相对的一刹那，李尚福感受到了一种鼓励和信任，他沉着而果断地下达了进入发射程序的命令。

5 时 44 分 28 秒，随着“点火”口令，长征三号甲运载火箭在稀稀拉拉的雨水中喷出耀眼的烈焰，中国第九颗北斗导航卫星从两块雷电积雨云的缝隙中神话般地平稳穿过，不一会儿，两块云团汇集在一起，雷声大作，暴雨狂倾，但火箭已穿过云层，越来越快地向预定转移轨道飞驰，卫星发射任务获得圆满成功。

在发射窗口内抢占雷电窗口闻所未闻，在雷电间隙成功发射卫星，在中国乃至世界航天史上，都是难以想象的。世界航天发射史上由于气象条件①导致发射失败

①气象条件对航天发射具有直接影响。目前，人类对地球上的气象环境变化可以预测，小范围干涉，但还无法改变。对航天发射最为直接的影响是风、温度、雨水、雷电和大气电场这五大气象因素。

风。地表 100 米以下超过 10 米 / 秒的风速，对暴露在强风下细长比火箭的稳定性有很大影响。另外，在地球的高空大气层常常会出现强大气流产生的高空风，这种风的速度超过一定范围，对火箭飞行的稳定

性会产生明显影响。

温度。火箭推进剂对外界温度有非常严格的要求，火箭发射前，对推进剂的温度控制要充分考虑外界环境温度的变化在预测范围内。

雨水。火箭在雨水环境下飞行，若出现渗水和漏水，将会造成电气系统短路。

雷电。火箭在飞行中遭遇雷电，后果不堪设想，一旦发生，将是毁灭性的。

大气电场。火箭飞行穿过云层，如遇大面积带电云团，极有可能引发云团集聚的电荷对火箭放电，电场强度过高的放电，对火箭的危害不亚于雷击。

的先例屡见不鲜，快速升空的航天器在雷雨中飞行，一旦被雷电击中，后果不堪设想。美国发现号、奋进号航天飞机因为天气原因曾数次推迟发射；2010 年 12 月 28 日，欧洲阿里安 5 火箭在圭亚那航天中心由于天气原因而被迫推迟发射。

航天发射牵一发而动全身，敢在恶劣气象条件下发射，必须具备绝对的科学判断和万无一失的决策能力。此时，坐在西昌卫星发射中心指挥大厅指挥席中间位置的孙家栋不由自主地站起来，激动地说：“这次发射创造了恶劣气象条件下中国航天发射的新纪录。我们的指挥员有气魄，我们的操作人员技能高，我们的火箭抗干扰能力强。”

2020年6月23日9时43分，长征三号乙运载火箭成功地将第55颗北斗系统导航卫星送入预定轨道，至此，中国北斗全球卫星导航系统星座全部部署完毕。千军万马一枚箭，众志成城一颗星。当“星箭分离、卫星准确入轨”口令传来，孙家栋悬着的心总算有了着落。自担任北斗工程首任总设计师开始，北斗卫星的几十次发射升空，孙家栋都捏着一把汗、牵动着他的心。

2020年7月31日上午，北斗三号全球卫星导航系统建成暨开通仪式在北京人民大会堂隆重举行。当习近平总书记宣布“北斗三号全球卫星导航系统正式开通”时，坐在总书记对面的孙家栋饱含热泪。26年来，一代代北斗人脚踏实地、仰望星空、矢志不移，终于迎来了这一历史性时刻——北斗工程“三步走”发展战略全面完成，中国成为世界上第三个拥有独立自主全球卫星导航系统的国家，全球120多个国家和地区成为北斗系统用户。

第九章

奋斗人生

夫妻情深

孙家栋与魏素萍的姻缘，是从去留学苏联的战友刘恩光家借相机开始的。1959 年 5 月 4 日，孙家栋的单位组织年轻人和同事们到颐和园去春游，孙家栋由于忘了带相机，便顺路到刘恩光家去借，结果不仅仅借到了相机，还拿到了一张女孩子的照片。女孩子叫魏素萍，是刘恩光夫人王淑贤的大学同学，在哈尔滨市立医院工作。自此，孙家栋与魏素萍开始鸿雁传书，并于5 月 1 日在哈尔滨见了第一面。每当孙家栋想到这里，总会自言自语："姻缘其实就是一种缘分，这点我信。"

1959 年 8 月 9 日，是孙家栋和魏素萍第一次见面后的第 100 天，按照俩人的约定，魏素萍带着自己在哈尔滨秋林百货商店量身定做的镂花布拉吉裙和时髦的高跟皮鞋，拎着提包，只身从哈尔滨跑到北京找孙家栋。

领导和同志们为他俩举行了简朴而热闹的婚礼。

婚后，魏素萍很快由哈尔滨调到北京，在航天系统的医院从事医疗工作，曾任心血管科副主任。穿上白大褂，戴上听诊器，她是个好医生；回到家里，家务全包，又是个好妻子，几十年如一日，任劳任怨地做好“贤内助”。

1994 年 11 月 24 日，作为我国第一颗大容量通信卫星工程总设计师的孙家栋，在西昌卫星发射中心待了很长一段时间，发射场的各项工作都已就绪，卫星发射进入最后时刻。

这一天，作为心血管病医生的魏素萍正住在医院接受脑血栓治疗，由于孙家栋的责任重大，同事们没敢把魏素萍的病情告诉他。此时他的脑子里主要装的是卫星发射前到底还有什么问题没有定论，他总要在发射前把所有的技术问题再在脑子里过一遍，要绝对做到卫星不带问题上天。

一周后，卫星成功进入太空。孙家栋不顾多日来的紧张疲劳，强撑着疲惫的身体，回北京完成了与美国航天代表团的谈判，签完字当天便累倒了，同志们用担架直接把他抬进了附近的医院。

孙家栋住进医院，这才惦记起老伴儿这段时间怎么没有一点消息？之前问秘书、问同事，他们都是含含糊糊地打马虎眼，总说："挺好的，挺好的。"弄清情况后，经他再三要求，老两口住在了同一个医院接受治疗。为了不让老伴儿担心，孙家栋提前想好了对老伴儿要说些什么话。见到老伴儿病得很重，孙家栋满怀歉意地说："最近工作太忙脱不开身，要不早来看你了。"而魏素萍凭着做医生的敏感，看到他苍白的脸上写满了憔悴和疲惫，就猜到他是生病了在住院。患脑血栓的魏素萍连说带比划地向医生表达，她要如实了解孙家栋的病情。征得医生同意，老两口被安排进了同一间病房。

躺在病床上闲下来的孙家栋，不禁对自己的家事浮想联翩。

1967 年 12 月 8 日，魏素萍就要临产了，可孙家栋整天忙得根本没有时间回家。魏素萍没有给丈夫打电话，孙家栋没来电话她也不生气，自己要了个板车去了医院，孩子出生时，孙家栋也不知道。护士看不下去了，就直接给孙家栋打电话："孙主任，你爱人给你生了个大胖姑娘，你还不过来看看？"第二天晚上，孙家栋总算来了，可他到医院的时间太晚了，由于还有等待处理的急事，他看了看孩子，仅停留了十几分钟，便匆匆离去。

魏素萍从医院出来时，脑血栓虽然好了，可身体半边麻木，不仅腿脚不灵活，连胳膊和手也不听指挥。为了让魏素萍的四肢恢复正常功能，孙家栋在精神上鼓励她，在生活上照顾她，从百忙中挤出时间，和她一起锻炼身体。爱情的阳光雨露温暖了魏素萍的心，一年后，魏素萍竟奇迹般地康复了，让身边的人都惊讶不已。有谁能想到，这一年，孙家栋的体重一下子减了 20 多斤。他还开心地打趣道："这个减肥办法真好，就连最难对付的脂肪肝也一下子恢复正常了。"

是什么神奇的力量使半身不遂的魏素萍这么快就恢复正常？"这是爱的力量！"魏素萍动情地说，"是老孙用爱心为我创造了奇迹！”

现在，孙家栋帅气的儿子孙中亮，漂亮的女儿魏红早已长大成人，他们在各自的工作岗位上出色地成就着自己的事业。儿女们随着年龄的增长，对儿时父亲的忙碌、对常常见不到他们可亲可敬的父亲，更增加了几分理解和敬佩，一直到现在父亲还总是那样的忙碌，但只要父子、父女在一起，儿女仍然在慈祥的父亲面前无拘无束地顽皮撒娇。每当这时，魏素萍总会面带微笑地说，孩子们一见到爸爸就总是长不大，孙家栋与一家人其乐融融那一刻，大概就是他精神最为放松之时。

知足常乐心平静

2018年年初，笔者有幸与孙家栋一起在海南岛的三亚度假，一起在那里待了近100天，俩人聊的比较多的不外两个话题，一是离不开航天情，二是扯不断家庭事。只要聊到家庭琐事，孙家栋就一定会聊到老伴儿魏素萍，聊到当初与老伴儿的相识、相爱和如今的相伴。

几十年过去了，孙家栋总觉得自己对不住老伴儿，虽然都是为了工作，事后老伴儿也都能理解，但自己的内心确有不安。

孙家栋的社会活动和日常工作仍然很忙，有时还要乘飞机飞来飞去，为了弥补自己的过失，孙家栋只要在家，每天一大清早，总会准时在老伴儿的监督和陪同下，到楼下的草坪旁活动活动腿脚，屏声静气地打上一轮太极拳。每次锻炼完，还总忘不了帮老伴儿把弄皱的衣服抻一抻，然后，拉着老伴儿的手慢慢地散会儿步，他要给老伴儿增添些“温暖”。

如今，老两口的腿脚都不方便，在院子里散步时，有时，孙家栋推着坐在轮椅上的老伴儿，有时，孙家栋坐着轮椅上，由老伴儿推着，老两口时不时扭着脖子回望对方，俩人脸上的笑容像天真的孩子一样。

孙家栋说：“年轻时，我天天都是从早忙到晚，家里的事确实很少操心，那时候都是老伴儿顾家。中年后我又担任领导职务，责任重大，更是很少顾家。现在事情相对少了，本想多照顾照顾老伴儿，却心有余而力不足了。现在，由于老伴儿身体不好，她说话、办事有什么不妥，我都能理解，一想到过去她白天工作、晚上顾家所受的那些累，这内心顿时就顺了。”正是这样，孙家栋每周定时为老伴儿分药，他很认真地把老伴儿早、中、晚需要服的药，一粒一粒、分门别类地放入药盒，哪些药饭前服用，哪些药饭后服用，都一一向照顾老伴儿的阿姨交待清楚。“可不能轻视这项工作，吃错药的后果很严重。为了老伴儿的身体，这点事情还是我自己完成才最放心。”

一天，笔者与孙家栋聊到剪头发，孙家栋笑眯眯地摸着自己的头发说：“你不是有个理发推子么，你帮我理一下不就行了。”

笔者急忙开玩笑说：“不行，不行，我哪敢在你这‘两弹一星’功勋奖章获得者的头上动土。”

没想孙家栋哈哈大笑道：“哪有这么严重，搞过‘两弹一星’的头和你的头难道有什么不同？你的头发长了乱哄哄的，难道搞‘两弹一星’人，头发长了就不乱哄哄的？你可以随便理，无非就是左边理短了再理右边，右边理短了再理左边，理到最后两边都没有头发了，再把上面的头发全理光，那又有什么关系呢？无非就是个光头嘛！”

当笔者小心翼翼地替孙家栋理完发，他鼓励地夸奖道：“我说你理发肯定行嘛，这不理得挺好嘛！”说完，竖起拇指，“我给你建蒙点个赞！”

孙家栋就是这样一个人，进取有乐，知足常乐，潜心学问，专心研究，不以物喜，不以己悲。有一次，孙家栋与老朋友聚会，当谈到社会上一些人，包括科学界、学术界对待技术成果和名利的一些不正之风时，他的老同学刘从军动情地说：“孙家栋在中国航天事业发展中做了那么多默默无闻的工作，很多都不被人知道，他计较过吗？那些追名逐利的人，应该以孙家栋同志为榜样，跟自己对照一下……”此时，孙家栋却憨憨地夹一筷子菜放到老同学的盘子里说："吃这个，吃这个，这可是你喜欢吃的东西啊！"在众人的笑声中，他巧妙地把对自己的夸奖岔了过去。

孙家栋经常说："什么名利不名利的，如果做出了成绩，那是组织上给了你活动的平台，那是同志们共同努力的结果。几十年来都是确定了任务按照分工开始忙起来，大家伙一门心思都扑在工作上，哪有心思去考虑什么个人得失。同志们都在那么努力地工作，你如果总考虑自己，那也太不够意思了吧！"

九旬老总不停歇

2018 年是中国航天发射史上非同寻常的一年，也是航天发射的丰收年。这一年是中国航天有史以来卫星发射数量最多的一年，这一年，中国完成了 39 次航天发射，占全世界航天发射总数的三分之一以上，创造了一年之内连续将 50 多颗中国造的卫星，包括 18 颗北斗导航卫星成功送入预定轨道的纪录。这些成就让孙家栋浑身增添了无形的力量。

刚刚度过 89 周岁生日的孙家栋，已经在工作日程中排上了中国气象卫星①发射前的行程：卫星出厂综合

①气象卫星是对地球及其大气层进行气象观测的遥感卫星，具有范围大、及时迅速、连续完整的特点，并能把云图等气象信息发给地面用户。气象卫星的

轨道分两种：一种是太阳同步轨道，它的轨道高度较低，能够实现全球覆盖，用于观测天气变化的细节；一种是静止轨道，它能够观测地球表面40%固定区域天气大系统的变化。这两种卫星获得的云图共同使用，可完成天气的近期和远期预报。

技术评审；运载火箭出厂技术状态评审；发射场技术适应性改造完成情况汇报；前往西昌卫星发射中心指挥发射……这颗卫星的发射，将是孙家栋担任航天工程总设计师发射的最后一颗卫星。

6月的北京，已略显炎热端倪，孙家栋又一次踏上从北京飞往西昌的征程。自1984年西昌卫星发射中心首次迎来卫星发射任务以来的34年间，无论酷暑、严冬，无论狂风暴雨、电闪雷鸣，孙家栋从北京往返西昌累计飞行百余次，在那个令世人瞩目的地方，完成着一个个不变的神圣使命，那就是中国的航天发射。

21年前的这个时间，68岁的孙家栋坐镇西昌卫星发射中心，见证了运载火箭发动机喷射出的烈焰和巨大轰鸣声，屏住呼吸，目送中国第一代静止轨道气象卫星飞向太空。

21年后还是这个时间，89岁精神饱满、浑身充满自信的孙家栋依旧坐镇在这里，两眼炯炯有神，紧盯着指挥显示屏幕上不断变换的数据，神情庄重地在内心默默地进行着倒计时，一秒一秒地向火箭点火的零分、零秒递减。

21 年后，孙家栋的头发更白了，步履变缓了，身板也不如当年硬朗了，但他的思维仍然敏捷，他的反应速度丝毫不减当年。

2018 年 6 月 5 日，担任了 21 年地球静止轨道气象卫星工程总设计师的孙家栋，在接受记者采访时说："老百姓每天晚上 7 点习惯性地收看《新闻联播》节目，《新闻联播》后的那段天气预报，无论大家在做什么，都会停下手中的事静静地收看，这不仅在北京、上海、哈尔滨、拉萨等大城市，就是在南海岛屿、偏远乡村，只要能够收看电视节目，大家都会认真看那段本地和家人所在地的天气预报。大家经常会说，现在的天气预报真准，预报的内容非常人性化，实际上，这就是长达 20 多年不断更新、接续发射的气象卫星给人们带来的福音。"

20 多年如一日。孙家栋说："20 多年来，国家气象局局长换了好几任，卫星、火箭总设计师也换了好几任，而我这个工程总师却从头到尾坚持了下来。所以，国家气象卫星的收官之作，也是我担任航天工程总设计师的收官之作。”这句看似平凡的话语，却是孙家栋不计名利、无私奉献的高度责任感与事业心的光辉写照。

身经百战获殊荣

2019年9月29日上午，中华人民共和国国家勋章和国家荣誉称号颁授仪式在人民大会堂隆重举行。著名航天技术专家、中国科学院院士孙家栋坐着轮椅，在全球电视观众的瞩目下，来到颁授现场。国家主席习近平亲手将共和国勋章[①]挂在了孙家栋的脖子上。

①共和国勋章，是中华人民共和国最高荣誉勋章，授予在中国特色社会主义建设和保卫国家中作出巨大贡献、建立卓越功勋的杰出人士。2016年1月1日正式设立。

2019年9月17日，国

家主席习近平签署主席令，授予于敏、申纪兰、孙家栋、李延年、张富清、袁隆平、黄旭华、屠呦呦“共和国勋章”。

90 岁高龄的孙家栋，此前曾获“两弹一星”功勋奖章、国家最高科学技术奖②、国家科学技术进步奖特等奖。作为中国航天科技事业创新发展的推动者，孙家栋荣获“改革先锋”称号，是我国人造卫星技术、深空

②国家最高科学技术奖是国务院于 2000 年设立的奖项，是中国五个国家科学技术奖中最高等级的奖项，授予在当代科学技术前沿取得重大突破或者在科学技术发展中有卓越建树，在科学技术创新、科学技术成果转化和高技术产业化中创造巨大经济效益或者社会效益的科学技术工作者。

国家最高科学技术奖每年评选一次，每次授予不超过两名，由国家主席亲自签署、颁发荣誉证书、奖章和奖金。初期获奖者的奖金为 500 万元，其中 450 万元由获奖者自主选题，用作科研经费，50 万元由获奖者个人所属。2019 年国家对最高科学技术奖的奖金标准进行了调整，由设立之初的 500 万元调整为 800 万元，奖金全部由获奖者个人支配。

探测技术、北斗卫星导航系统组网和应用的主要开拓者之一。

国家勋章和国家荣誉称号颁授仪式当日，孙家栋与另外7位共和国勋章获得者从位于北京西长安街的京西宾馆登上专车开始，中央电视台向全球和全国电视观众直播了他们的行动。伴随着优美的《红旗颂》旋律，党和国家功勋荣誉表彰工作委员会的领导同志在人民大会堂，以党和人民的至高礼遇，集体迎接这些模范人物的到来。孙家栋坐在轮椅上为眼前这种空前的场面所感动和激励，当孙家栋与习近平主席一起来到会场时，全

场起立，热烈鼓掌。会场上，18面鲜艳的五星红旗分列两侧，18名英姿挺拔的解放军仪仗队礼兵持枪伫立在授勋台两侧。时针指向10时整，颁授仪式开始，在解放军军乐团的伴奏下，全体与会人员齐声高唱《中华人民共和国国歌》。

颁奖号角奏响，2名护旗手高擎五星红旗，迈着坚实的正步，3名礼兵手捧共和国勋章行进到授勋现场。孙家栋坐在轮椅上，在《向祖国致敬》的乐曲声中，来到授勋台正中，习近平主席从勋章盒里双手拿起勋章，俯身挂在孙家栋的脖子上。当习主席与孙家栋亲切握手时眼神对视的瞬间，孙家栋感到了国家最高荣誉的分量。这枚勋章，铭记着中国航天不可磨灭的历程；这枚勋章，饱含着航天赤子的爱国情怀。

孙家栋用手托起以红色、金色为主色调，携刻着国徽、五角星、黄河、长江、山峰、牡丹等图案的这枚沉甸甸的国家勋章，顿觉勋章饱含全国各族人民团结一心共筑中华民族伟大复兴中国梦的深刻寓意。

习近平为获奖者颁发勋章、奖章后讲道："今天我们以最高规格褒奖英雄模范，就是要弘扬他们身上展现的忠诚、执着、朴实的鲜明品格。"

孙家栋脑海里反复默念着"忠诚、执着、朴实"这六个字，对这六个字鲜明品格的理解又有了新意。60多年来，“风雨同舟，命运与共，心手相连，共迎未来”，正是中国航天走过的辉煌历程。

“国家需要，我就去做！”

少年勤学，
青年担纲，
你是国家的栋梁。
导弹、卫星，
嫦娥、北斗，
满天星斗璀璨，
写下你的传奇。
年过古稀未伏枥，
犹向苍穹寄深情。

这是“2017年感动中国十大人物”组委会给予孙家栋的颁奖词，也是他一生的真实写照。

曾经的红衣少年，如今的白发先生，四十载航天岁月

CHN
中国航天

谱华章，他与同事们，在茫茫星空中镶嵌了30颗中国卫星。如今，他更以儒将之风，挂起探月工程之帅印。

2008年7月5日，科学中国人2007年度人物评选送给孙家栋的颁奖词。

他是“两弹一星”功勋科学家，从“东方红一号”在九天之外向世界宣告——古老的民族跨进太空时代起，他就和造“星星”结下了不解之缘。他说，他的心愿就是要造一辈子的中国“星”！

仍然是这一天，科学中国人2007年度人物特别奖中的“最受公众关注奖”送给孙家栋的颁奖词。

孙家栋是中国航天事业60多年发展的一个缩影，是中国航天事业60多年发展的里程碑式人物。

7年学飞机、9年造导弹、50年放卫星的孙家栋，无论是投笔从戎、出国留学，还是放弃航空专业投身航天事业；无论是从导弹研制转为卫星研制，还是从技术岗位转为行政领导，他始终坚持国家利益高于一切，看名利淡如水，视事业重如山。孙家栋热爱航天事业爱得是那么炽烈，他有一句听似平淡但寓意深刻的话“国家需要，我就去做！”孙家栋视自己“仅仅是航天人中很平常的一个”，始终保持低调，从不居功自傲。他的境界里，是“中国航天精神铸造了中国第一星”；他的荣誉里，“是中国航天事业的发展成就了自己。”

民族需要脊梁，人生需要信仰。孙家栋是国家的栋梁、民族的脊梁，爱国奉献的崇高信仰，始终是他人生的坚固基石。当每个人追寻人生意义、当民族复兴需要脊梁挺起，树立爱国奉献的理念是一切的开始。这是孙家栋给我们的最珍贵启示。